Entdecken

erleben

handeln

Ein Lehrbuch für den
Heimatkunde- und Sachunterricht **3/4**

VOLK UND WISSEN VERLAG GMBH

Herausgeber: Inge Koch

Autoren:
Friederike Adolf, Arthur Bierbaß, Heribert Dorber, Werner Drochner, Horst Glawe,
Anne Juretzek, Inge Koch, Rolf Leimbach, Hannelore Ludwig, Marita Motl,
Rainer Möller, Dorothea Münch

3-06-100373-8

1. Auflage
5 4 3 2 1 / 97 96 95 94 93
Alle Drucke dieser Auflage sind unverändert und im Unterricht parallel nutzbar.
Die letzte Zahl bedeutet das Jahr des Druckes.
© Volk und Wissen Verlag GmbH, Berlin 1993
Printed in Germany
Redaktion: Christa Krauthakel, Angela Lindeke
Illustrationen: Ursula Abramowski-Lautenschläger, Sigrun Pfitzenreuter,
                      Wolfgang Würfel, Wolfgang Zieger
Einband: Karl-Heinz Bergmann
Typographische Gestaltung: Dagny Scheidt/Bearbeitung: Dietlinde de Maizière
Satz und Druck: Gebr. Garloff GmbH, Magdeburg

Inhaltsverzeichnis

In der Familie

Mein Name ist Florian, und das ist meine Familie: Vati, Mutti und wir drei Kinder. Meine beiden Omas und Opas gehören auch zu unserer Familie. Sie leben in anderen Städten. Leider können wir uns nicht sehr oft sehen, aber in den Ferien fahre ich gern zu ihnen.
Sogar eine Uroma habe ich noch. Sie wohnt in unserer Stadt, in einem Seniorenheim. Dort besuchen Mutti, Vati und ich sie, wenn wir Zeit haben. Manchmal gehe ich auch allein zu ihr.
Die Geschwister von Mutti und Vati sind meine Onkel und Tanten. Auch sie haben Kinder. Das sind meine Cousins und Cousinen.
Meine Eltern sorgen für meine Nahrung und Kleidung.
Sie wollen, daß ich gesund bleibe und mich wohl fühle. Wir reden oft miteinander und verbringen gemeinsam die Freizeit. Manchmal haben sie auch keine Zeit für mich, weil beide einen Beruf ausüben. Deshalb erwarten sie, daß ich zu Hause mithelfe. ▼

1 *Erkläre den Generationsbaum! Wie viele Generationen erkennst du?*
2 *Überlege, warum die Urgroßmutter das Bild des Urgroßvaters betrachtet!*
3 *Wie sieht ein Generationsbaum deiner Familie aus? Beschreibe oder zeichne ihn!* Viele Kinder haben keine Urgroßeltern mehr.
4 *Wie viele Generationen leben in diesen Familien?*

Dieser Generationsbaum zeigt eine Folge von Generationen in der Familie von Florian.

Florian hat seine Freunde gefragt, was ihnen an ihren Familien gefällt.
Sie erzählen:

Zu unserer Familie gehören Mutti und wir drei Kinder.
Detlef, die kleine Tina und ich.
Meine Eltern sind geschieden. Ohne Vati ist es ganz
schön langweilig.
Mutti muß viel arbeiten und hat wenig Zeit für uns.
Abends ist sie oft müde. Detlef und ich helfen beim
Einkaufen.
Manchmal fahren wir alle vier sonnabends ins
Schwimmbad, das ist immer lustig.

Jens

1 Schreibe auf, was dir an deiner Familie gefällt! Sprecht über eure Vorstellungen von einem harmonischen Familienleben!

2 Welche Sorgen und Nöte kann es in Familien geben?

Wir sind eine sportliche Familie.
Zu unserer Familie gehören fünf Personen:
Vati, Mutti, Katrin, Franziska und ich.
Wir sind alle sehr unterschiedlich, darum
gibt es auch manchmal Streit. Aber abends ist
alles vergessen, das ist schön. Wir gehen
auch gern zu Oma und Opa.
Sie sind sehr lieb zu uns.

Tina

Wir sind drei in unserer Familie, Mutti, mein
neuer Vati und ich. Mein richtiger Vati ist
nach einem Unfall gestorben. Mit Gerhard, wie
ich ihn nenne, verstehe ich mich ganz gut.
Aber manchmal, wenn er Ärger hatte, rutscht
ihm auch die Hand aus. Dann bin ich sauer und
heule mich bei Mutti aus.

Steve

Ich heiße Jan und habe noch einen
großen Bruder. Er hat schon eine
eigene Wohnung. Wenn ich Zeit
habe, besuche ich ihn gern. Meine
Mutti ist leider zur Zeit arbeitslos, aber
Vati geht auf Arbeit. Wir halten gut
zusammen und helfen uns gegenseitig.
Besonders braucht Opa unsere Hilfe, weil er
ein wenig gelähmt ist.

Jan

Unsere Familie ist relativ klein. Sie besteht
nämlich nur aus meiner Mutti, meinem
Vati und aus mir. Meine Eltern kommen
immer erst spät nach Hause. Aber das stört
mich nicht. Denn ich fülle mir den Tag mit
Gitarre üben, abwaschen, Hausaufgaben erledigen, fernsehen und spielen. In unserer Familie
gibt es selten Streit. Meine Eltern haben beide
Arbeit.

Katharina

Zu Besuch im Seniorenheim

Am Sonntag besucht Florian mit seinen Eltern die Uroma im Seniorenheim. Es liegt mitten in der Stadt und ist von einer kleinen Grünanlage umgeben. Im Flur hängt ein Spruch. Florian schenkt seiner Omi, wie er sie nennt, einen bunten Blu-menstrauß, darüber freut sie sich besonders. Mutti bringt einen selbstgebackenen Kuchen mit. Schon an der Eingangstür erwartet Omi ihre Besucher. Bald sitzen alle gemütlich beisammen.
Als Florian später mit Omi spazierengeht, stellt er, wie immer, viele Fragen.

Die Alten ehre stets, du bleibst nicht ewig Kind. Sie waren, was du bist, und du wirst, was sie sind.

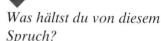

Was hältst du von diesem Spruch?

Florian: Omi, erzähle mir ein bißchen! Kennst du nicht noch Spiele von früher? Und was habt ihr als Kinder gespielt?

Uroma: Einiges, was ihr heute gern tut, kannten wir als Kinder auch schon. Im Winter fuhren wir mit Schlitten, Skiern und Schlittschuhen. Sie sahen aber noch anders aus als heute. Im Sommer badeten wir im Fluß, spielten Ball, und die Jungen bolzten genauso wie heute mit ihren Fußbällen.

Florian: Was hast du denn damals am liebsten gespielt?

Uroma: Meine Freundin und ich spielten besonders gern Tamburinball. Jede von uns besaß ein Tamburin, mit dem wir uns einen kleinen Ball zuspielten, so ähnlich wie heute beim Federball. Wer den Ball zehnmal traf, ohne daß er herunterfiel, hatte gewonnen.
Spaß machte uns auch, aus langen Windhalmen Puppen zu binden. Wir rissen etwas Gras heraus, schüttelten den Sand ab und kämmten die Wurzeln. In der Mitte und weiter oben banden wir den Körper und flochten Zöpfe.

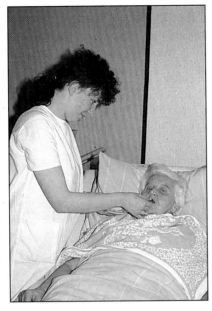

Im Seniorenheim bewohnt Florians Uroma ein Zimmer zusammen mit Frau Edler. Sie ist seit einiger Zeit krank und muß schon länger im Bett liegen. „Meine Beine und Augen wollen nicht mehr so recht", sagt sie. „Vielleicht muß ich jetzt in ein Pflegeheim."

Eine freundliche Schwester hilft ihr beim Essen, Trinken und Gehen.

▼ *1   Erkundige dich, was ein Pflegeheim ist!*

Florian besucht seine Omi zusammen mit den Eltern oder auch allein, sooft er kann. Aber Frau Edler bekommt selten Besuch. Trotzdem wartet sie immer darauf, daß ihre Verwandten zu ihr kommen.

‚Aus meinem Lieblingsbuch könnte ich den beiden das nächste Mal eine Geschichte vorlesen', überlegt Florian. ‚Vielleicht kann ich auch die Kinder aus meiner Klasse fragen, ob wir mit den Bewohnern des Heimes gemeinsam einen Nachmittag verbringen. Gleich morgen werde ich mit ihnen und unserer Lehrerin sprechen.'

Florian und seine Eltern verabschieden sich von der Uroma und Frau Edler. „Wir kommen bald wieder", verspricht Florian.

▼ *2   Wo befindet sich ein Seniorenheim in eurem Ort oder Kreis?*
Sprecht darüber, weshalb sich die alten Menschen über einen Besuch so freuen!

▼ *3   Wann hast du deine Großeltern zuletzt besucht? Wie helft ihr einander?*
4   Schlage vor, wie ihr älteren Menschen eine Freude bereiten könntet!

Wie wir in der Familie miteinander umgehen

In der Familie wollen sich alle wohl fühlen und gut verstehen.

Dazu müssen alle Familienmitglieder beitragen.

In der 3. Klasse sprechen die Kinder darüber:

Florian

Früher sagte Mutti: „Bitte und danke sind Zauberworte. Damit kannst du viel erreichen." Jetzt haben mein Bruder und ich eine Zauberfrage gefunden: „Darf ich helfen?"
Mutti strahlt und freut sich, wenn einer von uns sie stellt.
Welche Zauberformeln gibt es bei euch?

Kati

Wir Geschwister halten gut zusammen, helfen uns gegenseitig und teilen untereinander. Mein Bruder steht mir gegen andere immer bei, doch zu Hause streiten wir uns auch. Ich finde, ab und zu kann man sich ruhig zanken, aber Schlagen oder mit den Füßen treten ist blöd.

Anja

Wenn ich mich über etwas freue, gebe ich Mutti und Vati immer einen Kuß.
Gab es Streit, versuche ich, mich auf diese Weise wieder mit ihnen zu versöhnen.
In meiner Familie grüßt man sich beim Kommen und Gehen. Früh sagt man: „Guten Morgen!" und vor dem Schlafengehen: „Gute Nacht!".
Wenn meine Tanten und Onkel kommen, weiß ich manchmal nicht, wer wen zuerst begrüßen soll.
Wißt ihr es?

Sylvia

Ich finde es schön, wenn unsere ganze Familie abends gemeinsam am Tisch sitzt. Morgens können wir nur zusammen mit Mutti frühstükken, weil Vati früher zur Arbeit geht. Abends decken wir Kinder den Tisch und machen es richtig gemütlich. Dann reden wir über alles, was am Tag passiert ist.
Oma sagt, daß man beim Essen nicht reden soll. Wie findet ihr das?

Karsten

Bei uns ist manchmal ganz schön was los. Meistens kann ich ja meine Schwester gut leiden. Aber wenn sie an meine Eisenbahn rangeht, hau ich ihr auf die Finger. Dann heult sie, Mutti schimpft, und Vati sagt, ich soll ihn in Ruhe lassen, er hat Sorgen genug.

Steffi

Für den Haushalt sorgen bei uns alle gemeinsam. Mutti sagt: „Jeder übernimmt feste Pflichten und muß sich auf den anderen verlassen können. Dann bleibt auch Zeit, gemeinsam etwas zu tun." Bloß, daß sie gleich so schimpfte, weil ich einmal vergaß, Brot zu kaufen, verstehe ich nicht. Darf ich nicht einmal etwas vergessen?

*1 Wähle ein oder zwei Meinungen aus!
Wie findest du die Äußerungen der Kinder?*

2 Spielt einmal, wie es im Familienleben zugeht!

10

Zum Familienleben gehört auch, Feste vorzubereiten und zu feiern.

1. Für welche Familienfeste stehen diese Symbole?
2. Bastle einen Kalender, in den du Geburtstage deiner Familienmitglieder und eurer Freunde eintragen kannst!
3. Was schenkst du zu Geburtstagen?
   Formuliere einen Geburtstagsglückwunsch!

Florian gratuliert seiner Mutti zum Geburtstag. Er trägt einen kleinen Vers vor:

Liebe Mutti!
Ich wünsche herzlich
alles Gute:
Gesundheit, Glück
und Sonnenschein.
Und nun mit frischem,
frohem Mute
ins neue Lebensjahr
hinein!
Dein Florian

Bald hat auch Florian Geburtstag. Alle treffen sich zum Familienrat und sprechen über die Vorbereitungen für die Kindergeburtstagsfeier.

Mutti und Vati überlegen, was sie Florian schenken könnten. Sollen sie ihn fragen oder ihm eine Überraschung bereiten?

4. Was kann Florian selbst vorbereiten?
   Wie schreibt man Einladungen an die Gäste?
   Womit schmückt man den Kaffeetisch und das Zimmer?

Nicht vergessen!

- Einladung schreiben
- Spiele vorbereiten
- Tischschmuck basteln
- leckere Sachen kaufen
-
-

Anja

5. Bereitet im Klassenzimmer einen Geburtstagstisch vor! Schreibt Einladungen und gestaltet Tischkarten!
6. Erzähle, wie dein letzter Geburtstag gefeiert wurde! Wie wünschst du dir deine nächste Geburtstagsfeier?

Familien brauchen eine Wohnung

Manche Familien leben und wohnen in Dörfern, viele andere haben eine Wohnung in einer großen oder einer kleinen Stadt.

In manchen Orten wohnen die Menschen vorwiegend in älteren Häusern. Ein Teil dieser Wohnungen wurde modernisiert, es gibt aber auch noch schlechte Wohnbedingungen in solchen Häusern. Viele Familien leben in Neubauwohnungen oder in Einfamilienhäusern.
Natürlich wünscht sich jede Familie eine gemütliche und geräumige Wohnung.

1   Wo würdest du am liebsten wohnen – auf dem Dorf, am Stadtrand oder in der Stadtmitte? Begründe deine Antwort!
2   Zeige auf dem Stadtplan beziehungsweise auf dem Plan deines Heimatortes, wo sich euer Wohnhaus befindet! Beschreibe die Wohnlage!

3   Sprecht über Vor- und Nachteile, die das Wohnen in den verschiedenen Häusern hat!

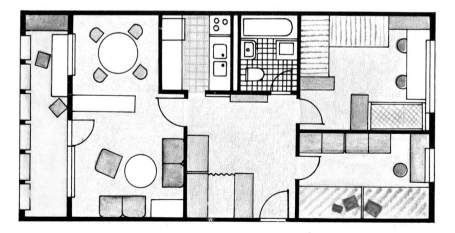

Das ist der Grundriß der Wohnung, in der Florians Familie lebt.

4   Wie sind in eurer Wohnung die Zimmer verteilt? Zeichne einen Grundriß!
5   Was gefällt dir an deinem/ eurem Zimmer besonders gut? Was gefällt dir nicht?
6   Was möchtest du selbst verändern? Sprich mit deinen Eltern darüber!

Florian erzählt von seinem Wohnhaus:

Wir wohnen in einem Neubau mit vier Etagen, ganz oben, unter dem Dach. Vom Balkon können wir weit über die Stadt schauen.

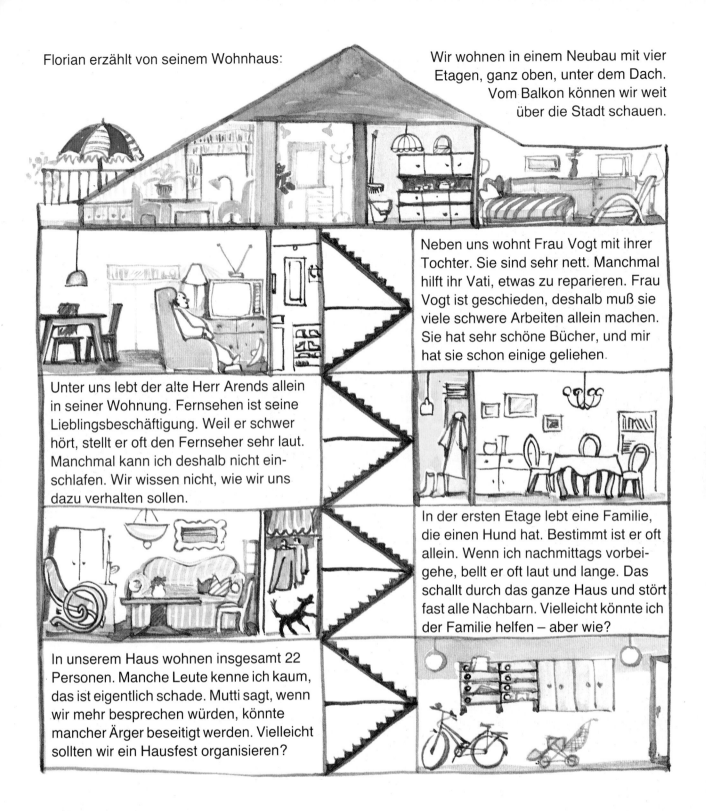

Neben uns wohnt Frau Vogt mit ihrer Tochter. Sie sind sehr nett. Manchmal hilft ihr Vati, etwas zu reparieren. Frau Vogt ist geschieden, deshalb muß sie viele schwere Arbeiten allein machen. Sie hat sehr schöne Bücher, und mir hat sie schon einige geliehen.

Unter uns lebt der alte Herr Arends allein in seiner Wohnung. Fernsehen ist seine Lieblingsbeschäftigung. Weil er schwer hört, stellt er oft den Fernseher sehr laut. Manchmal kann ich deshalb nicht einschlafen. Wir wissen nicht, wie wir uns dazu verhalten sollen.

In der ersten Etage lebt eine Familie, die einen Hund hat. Bestimmt ist er oft allein. Wenn ich nachmittags vorbeigehe, bellt er oft laut und lange. Das schallt durch das ganze Haus und stört fast alle Nachbarn. Vielleicht könnte ich der Familie helfen – aber wie?

In unserem Haus wohnen insgesamt 22 Personen. Manche Leute kenne ich kaum, das ist eigentlich schade. Mutti sagt, wenn wir mehr besprechen würden, könnte mancher Ärger beseitigt werden. Vielleicht sollten wir ein Hausfest organisieren?

Florian hat sein Haus aufgemalt.

1 *Zeichne dein Wohnhaus. Woran kannst du es besonders gut erkennen?*

2 *Kennst du die Bewohner eures Wohnhauses schon näher? Erzähle von ihnen!*

3 *Wie stellst du dir ein Wohnhaus vor, in dem sich alle wohlfühlen?*

4 *Wie denkst du über das Halten von Tieren in der Wohnung?*

Ein neues Haus für die Familie

Silke wohnt mit ihren Eltern und zwei Geschwistern in einer kleinen Stadtwohnung. Drei Zimmer sind für die fünfköpfige Familie zu wenig, es ist eng in der Wohnung. Schon lange suchen sie nach einer größeren Wohnung, bisher ohne Erfolg. Mutti und Vati beraten hin und her. Schließlich sprechen sie mit den beiden „Großen". „Wir werden ein eigenes Haus bauen." – Die Begeisterung ist groß. Jeder hat seine Wünsche. Vieles ist zu bedenken.

1 *Was müßte die Familie noch bedenken?*

2 *Male und schreibe: Wie stellst du dir ein Haus vor, in dem du wohnen möchtest? Zeichne die Vorder-, Hinter- und Seitenansicht deines Wunschhauses! In welche Himmelsrichtungen zeigen die Fenster der einzelnen Räume?*

Vater und Mutter stellen einen Plan auf, was jetzt alles zu tun ist.

Die Eltern erkundigen sich bei einer Bank, ob sie der Familie einen Kredit genehmigt, das heißt, Geld leiht.
Es muß später zurückgezahlt werden, sogar noch etwas mehr. Für das Leihen berechnet die Bank nämlich Zinsen.

Im Bauamt erfährt der Vater, welche Pläne er einreichen muß, damit der Hausbau genehmigt wird. Die Familie hat Glück.
Von der Stadt kann sie ein Grundstück kaufen. Es liegt in der Nähe einer Straße. Wasser- und Stromanschlüsse sind nicht weit entfernt.

Als sich die Familie das Grundstück ansieht, sind nur etwas Wiese und ein paar Bäume zu sehen. Aber in einem Jahr kann hier schon der Möbelwagen vor der Haustür stehen.

Ein Architekt entwirft den Bauplan. Er berücksichtigt die Wünsche der Familie.

Viele fleißige Handwerker sind am Bau des Hauses beteiligt. Mutter fragt: „Wen müssen wir zuerst bestellen?" Vater sagt: „Den Arbeitsablauf organisiert zum Glück die Baufirma."
Einige Arbeiten will die Familie auch selbst ausführen.

Später besichtigt die Familie die Baustelle. Ein Schild steht da: „Betreten auf eigene Gefahr!" Überall liegen geordnet Baumaterialien. In der Nähe steht ein Bauwagen für die Handwerker. Das Fundament ist schon zu sehen.

Bis zur Fertigstellung des Hauses arbeiten hier Leute mit unterschiedlichsten Berufen.

Welche Berufe erkennst du auf den Fotos? Welche Berufe sind noch beteiligt? Erzähle von den Arbeiten, die verrichtet werden! Einige errätst du vielleicht an den Werkzeugen oder dem Material.

15

Über Berufe und Arbeit

In einem alten Fotoalbum fand Gabi das Bild ihres Urgroßvaters.

Mutti erzählt ihr: „Mein Opa war von Beruf ein Dorfschmied. In der Landwirtschaft wurden Schmiede sehr gebraucht. Bei der Aussaat zogen Pferde den Pflug und die Egge, Erntegut wurde mit Pferdewagen zum Hof transportiert. Am Sonntag fuhr man mit der Kutsche spazieren. Da war so manches Pferd mit Hufeisen zu beschlagen, manch hölzernes Wagenrad mit Eisenreifen zu belegen.

Der Schmied baute und reparierte Pflugscharen und andere Ackergeräte. Außerdem fertigte er auch eiserne Beschläge für Türen und Schränke."

▼
1   Kennst du Berufe „aus alten Zeiten", die es heute nur noch selten gibt?
    Befrage die Eltern oder lies in Büchern nach!

2   Vielleicht ist das ein interessantes Thema für ein Projekt.
    Ihr könntet nach alten Handwerkerwappen fahnden oder im Museum nach Werkzeugen suchen.

▼
3   Erkennst du die Berufe?
    Finde Überschriften und Geschichten zu diesen Fotos!
4   Überlege, warum diese Berufe oft Freude bereiten, aber manchmal auch Ärger und Kummer!
5   Male Bilder oder gestalte Bewegungen, nach denen man Berufe erraten kann!

▼
6   Gestalte ein Blatt zu Berufen (zeichnen, kleben)! Zeige, was hergestellt oder getan wird!

Anjas Vater ist von Beruf Bäcker. Früh am Morgen, wenn Anja und ihr Bruder noch fest schlafen, beginnt seine Arbeitszeit.

Wird der Bäckerladen um 7 Uhr geöffnet, kaufen die meisten Leute die knusprigen Brötchen.

Anjas kleiner Bruder ist oft krank. So überlegen alle Familienmitglieder: ,Einer müßte ihn ständig betreuen können. Wird Vater nun Hausmann oder Mutti Hausfrau, oder wird Oma eine Hausomi?'

Mutti meint: „Ich werde vorerst zu Hause bleiben und nach dem Umzug die Wohnung herrichten. Omi kann in der Bäckerei helfen."

So gibt Anjas Mutti für einige Zeit ihre Berufstätigkeit als Verkäuferin auf und wird Hausfrau. Hausarbeit und Berufsarbeit lassen sich vergleichen.

1 *Vergleiche ähnliche Tätigkeiten in Haushalt und Beruf! Was ist gleich, was ist unterschiedlich?*

2 *Warum müssen Berufe erlernt werden? Begründe!*

Berufe und Arbeitsstätten verändern sich im Laufe der Zeit. Neue Erfindungen der Technik erleichtern oft die Arbeit.

3 *Erkunde, welche Arbeitsstätten mit neuer Technik es in deiner Umgebung gibt!*

4 *Kennst du interessante neue Berufe? Erfrage: Was ist neu an ihnen?*

5 *Mache ein Interview: „Erzieherin ist ein Frauenberuf. Busfahrer ist ein Männerberuf." Welche Meinung haben die Befragten? Sprecht darüber!*

Wasser, elektrischer Strom und Heizung in unserer Wohnung

In jedem Haushalt wird täglich Wasser verbraucht. Bevor es aber als Trinkwasser genutzt werden kann, muß es verschiedene Stationen durchlaufen.

1 Welche Stationen durchläuft das Trinkwasser auf dem Weg in unsere Wohnungen?

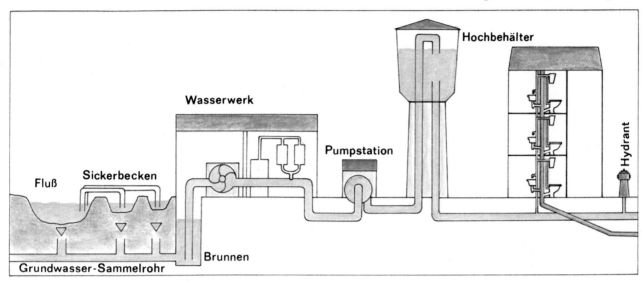

Das ist der Weg des Trinkwassers in unsere Wohnung.

Für die Beleuchtung in unserer Wohnung, für verschiedene Geräte und Werkzeuge benötigen wir elektrischen Strom.

2 Für welche Geräte braucht deine Familie elektrischen Strom?

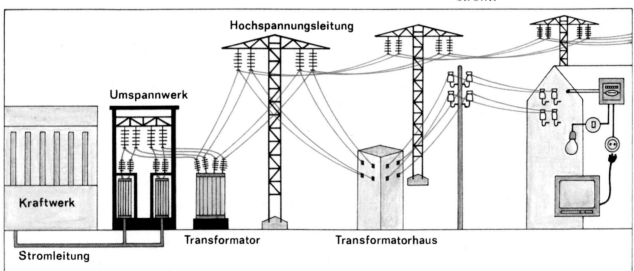

So kommt Strom in unsere Wohnung.

Trinkwasser zu gewinnen und Strom zu erzeugen ist sehr teuer. Haushalte müssen deshalb für Energie und Wasser viel Geld bezahlen, darum überlegen viele Familien, wie sie Strom und Wasser sparen können. So helfen sie aber auch der Umwelt, die durch bestimmte Kraftwerke belastet wird.

3 Welchen Weg nimmt der Strom?

4 Welche Sparideen gibt es in deiner Familie?

5 Äußere eine Vermutung, warum der Umgang mit Strom eine Gefahr sein kann!

Noch heute werden viele ältere Wohnungen mit Öfen beheizt. Neubauwohnungen erhalten Fernwärme oft aus einem Heizkraftwerk,
sie haben eine Fernheizung. Es gibt auch Wohnungen mit Öl- oder
Gasheizung.

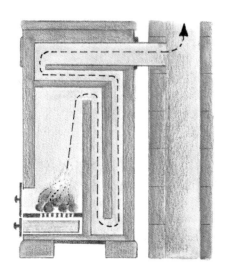

▼1 *Womit wird eure Wohnung
beheizt?*
2 *Nenne verschiedene Brennstoffe!
Erkundige dich, wie solche
Brennstoffe zu lagern sind!
Sprecht mit einem Experten
über umweltfreundliches
Heizen!*

▼3 *Beobachte nach Möglichkeit, wie man einen Ofen
heizt!
Was ist zu beachten?*

> **VORSICHT
> Brandgefahr!**

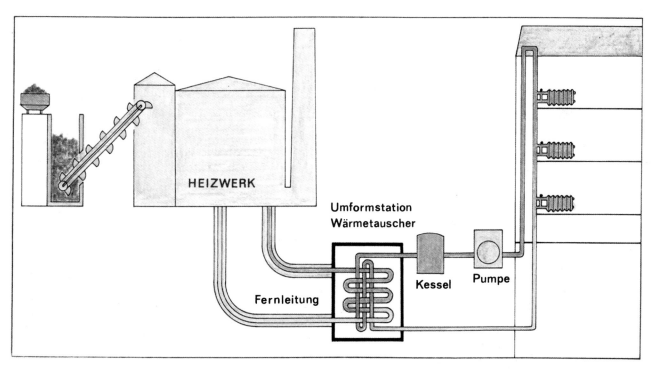

So kommt Fernwärme in die Neubauwohnungen.

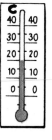

▼4 *Erläutere an der Abbildung,
wie die Fernwärme in die Wohnung gelangt!*
5 *Welche Art der Heizung würdest du bevorzugen? Begründe!*

▼6 *Miß die Temperatur
in euren Zimmern*
   • *am Fußboden*
   • *in Tischhöhe*
   • *in Kopfhöhe!*
Was stellst du fest?

Die Zimmertemperatur sollte
20–22°C betragen.

▼7 *Meßt auch die Temperaturen
im Klassenzimmer!*

Elektrische Geräte – Nutzen und Gefahren

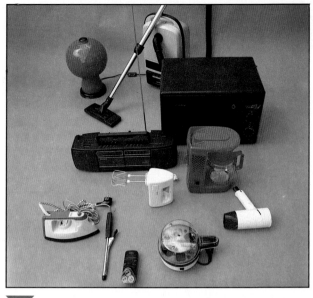

Sandra ist in Eile. Sie hat Geburtstag. Bald kommen die Gäste.

Sie muß sich noch rasch die frischgewaschenen Haare trocknen. Vater ist so lieb und bügelt schnell ihre Hose.

Fertig! Schon klingelt es. Während Sandra die Gäste begrüßt, kocht Mutter Kakao. Es duftet in der ganzen Wohnung.

Besonders stolz ist Sandra, daß sie selbst einen Kuchen gebacken hat.

Außerdem schmeckt allen die Eistorte, die Sandras Bruder mit der Kühltasche aus dem Lebensmittelmarkt holte.

Nachher beschäftigen sich einige mit dem Computerspiel, das Sandra geschenkt bekam.

Viel Spaß haben alle Kinder beim Spielen mit der elektrischen Eisenbahn.

Es ist eine schöne Geburtstagsfeier.

▼
1 *Finde heraus, welche elektrischen Geräte in der Geschichte benutzt wurden!*
2 *Beschreibe, was der Strom bewirkt, wenn die Geräte angeschaltet werden!*

3 *Erzähle eine ähnliche Geschichte!*
   Wer errät die elektrischen Geräte aus deiner Geschichte?
4 *Ratet durch das Alphabet, welche elektrischen Geräte ihr noch kennt!*
5 *Erkunde, was zu tun wäre, wenn es einige Haushaltgeräte nicht gäbe!*
   Frage auch deine Eltern und Großeltern, wie früher bestimmte Arbeiten ausgeführt wurden!
6 *Auf manche Geräte könnte man auch verzichten. Nenne einige!*

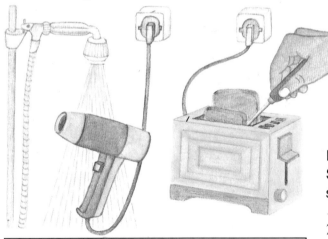

Elektrische Geräte werden mit Strom betrieben. Strom aus der Steckdose kann lebensgefährlich sein.

▼
7 *Erkunde, was an diesen Situationen gefährlich ist!*
8 *Schreibe diese Regeln zum Umgang mit Strom auf! Ergänze einige Regeln selbst!*
   – Nie an Elektrogeräten herumbasteln!
   – Keine defekten Geräte benutzen!
   – Keine Geräte mit nassen Händen anfassen!
   – . . . .

Krankenkassen berichten, daß 1990 28 Menschen durch einen Stromschlag von Haushaltsgeräten starben. Besonders im Badezimmer ist der Gebrauch elektrischer Geräte gefährlich.
Musik hören – in der Badewanne?
Auf keinen Fall darf ein elektrisch betriebenes Gerät auf dem Badewannenrand abgestellt werden. Das kann einen tödlichen Stromschlag zur Folge haben.

Brand in der Jahnstraße

Die kleine Maren wünscht sich noch eine Gute-Nacht-Geschichte. Heute liest Michael vor. Er geht schon in die dritte Klasse.
„Nun wird aber das Licht ausgeschaltet", sagt er hinterher.
„Nein, Michael, ich habe Angst!" bittet Maren.
„Ja, also, dann lege ich ein Tuch über die Lampe, jetzt hast du Dämmerlicht."
Wenig später: Alarm bei der Feuerwehr. Es brennt in der Jahnstraße. Im Kinderzimmer stehen die Gardinen in Flammen, das Spielzeug ... Zum Glück kommt rechtzeitig Hilfe.

1 Beschreibe, was passiert sein könnte und warum!

Feuerwehreinsatz

Die Alarmglocke schrillt. Das Alarmlicht leuchtet auf. Die Feuerwehrleute springen auf und gleiten an Rutschstangen in die Fahrzeughalle. Die Feuerwehr rückt aus, um einen Brand zu bekämpfen und Menschen zu helfen, die in Gefahr sind. Das Blaulicht zeigt an: Feuerwehr im Einsatz. Das Einsatzhorn ertönt. Die anderen Fahrzeuge gewähren freie Fahrt.
Die Feuerwehr hat viele Aufgaben.

2 Erkundet gemeinsam: Wo wird die Feuerwehr noch eingesetzt?
Fragt nach, was der Feuerwehr große Sorgen bereitet!

Feuerwehrleute sind gut ausgebildet. Sie beherrschen eine moderne Feuerwehrtechnik, haben den Einsatz der Geräte trainiert und auch geübt, verunglückten Menschen zu helfen. In ihren Einsätzen beweisen sie Kraft, Mut und Ausdauer.

3 Informiere dich über Brandschutzbestimmungen und den Alarmplan in deiner Schule!
4 Wo ist in deiner Wohnnähe ein Feuermelder? Welche Telefonnummer hat die Feuerwehr?
5 Spiele vor, wie du bei einem Brand Hilfe holst!
6 Organisiert einen Besuch im Feuerwehrdepot!

Kaufen, verbrauchen, wegwerfen

Für das tägliche Leben braucht jede Familie Nahrungsmittel. Wir kaufen sie in großen Supermärkten oder in kleineren Geschäften in der Nähe unserer Wohnung.
Obst und Gemüse gibt es auch auf dem Wochenmarkt.
Florian geht gern einkaufen. Er schreibt alles auf einen Zettel, damit er nichts vergißt.

Familienspeiseplan für eine Woche

September 1991	
37. Woche	September · SA 6.46 SU 19.51
9 Mo	Makkaroni mit Schinken u. Käse
10 Di	Bratkartoffeln mit Spiegelei
11 Mi	Fischfilet mit Kartoffelmus
12 Do	Gemüseeintopf
13 Fr	Beefsteak, Kartoffeln Rohkost
14 Sa	Hefeklöße mit Backobst
15 So	Schnitzel, Blumenkohl, Kartoffeln

Florian soll für die Mahlzeiten am Mittwoch und am Donnerstag einkaufen.

1 Was könnte auf seinem Einkaufszettel stehen? Schreibe ihn für Florian!
2 Wie sollte Florian die eingekauften Lebensmittel aufbewahren?
3 Erkunde, was und wieviel in eurer Familie an einem Wochenende gekauft wird! Wieviel Kilogramm Gewicht ist zu tragen? Wer hilft bei eurem Wochenendeinkauf?

Gegenstände, die man längere Zeit benutzt, wie Kleider, Schuhe, Möbel, Bücher, Radios, Kühlschränke usw., kauft man meist in Fachgeschäften oder in großen Kaufhäusern. In den Städten liegen viele Geschäftsstraßen häufig im Stadtzentrum.
In Florians Familie werden Blumendünger, eine Haarspange, braune Schnürsenkel und Briefpapier gebraucht.

4 Wo werden diese Artikel gekauft?

5 Sieh dir verschiedene Bestellkataloge an! Nenne Erzeugnisse, die man durch Bestellungen erwerben kann! Informieren dich die Kataloge ausreichend? Begründe!
6 Kann man nebenstehende Erzeugnisse im Versandhaus bestellen?
7 Frage deine Eltern, wie Erzeugnisse, die das Versandhaus schickt, bezahlt werden!

Viele Erzeugnisse könnten Florians Eltern auch aus einem Katalog auswählen und bei einem Versandhaus bestellen.

Kurzbezeichnung des Artikels	Bestellnummer	Menge	Gesamtpreis
Pullover	1 7 2 8 3 2 4	1	79,90
Tapete	8 3 7 2 0 2 6	8	120,—
Eislaufschuhe	2 2 2 3 7 8 9	1	75,80
Milchflaschen		10	7,90
Spielzeugauto	7 8 9 2 2 5	2	7,—
Fernseher	9 2 2 7 7 6 4	1	399,—
Schokolade		5	6,45
Ball	2 0 4 7 3 4 8	1	69,—

22

1 Schreibe einmal alle Verpakkungen auf, die bei einem Einkauf in deiner Familie angefallen sind!
Prüfe, ob Verpackungen eingespart werden könnten!

In den letzten Jahren ist die Menge der Abfälle in Haushalten und Betrieben stark angestiegen. Verschiedenste Stoffe wandern in den Müll.

2 Wie oft muß in deiner Familie wöchentlich der Mülleimer geleert werden?
Vergleicht eure Ergebnisse! Erforscht, woher die Unterschiede kommen könnten?

3 Lagert in einem Behälter verschiedene Gegenstände und stellt sie ins Freie! Beobachtet, wie sie sich im Laufe der Zeit verändern!

4 Woraus bestehen diese weggeworfenen Gegenstände? Erkundigt euch, welche Eigenschaften solche Stoffe haben!

Die Kinder der 3a haben erfahren, daß Mülldeponien durch Sickerwasser den Boden und das Grundwasser schädigen, aber auch die Luft durch schädliche Gase belasten. Sie überlegen, was sie tun können, damit Müllberge nicht noch höher wachsen.

Laura schlägt vor:

Plastikbehälter könnten wir in den Sammelkorb werfen. Batterien können beim Handel abgegeben werden. Und wo soll größerer Sperrmüll hin?

Martin erklärt:

Flaschen, Gläser und Papier sortieren wir in die Sammelbehälter, Umverpackungen lassen wir im Geschäft.

Kristin meint:

Wir könnten darauf achten, Produkte zu kaufen, die wenig Verpackungsmaterial haben. Zu Hause kaufen wir Getränke nur in Pfandflaschen.

5 Erkundet, welche Möglichkeit man in eurem Ort anbietet, Sperrmüll zu beseitigen!

6 Sprecht über die Vorschläge der Kinder! Wie denkt ihr über das Müllproblem? Vielleicht gestaltet ihr einen Pro-

jekttag zum Thema „Müll".
7 Erkundigt euch, welches Altmaterial wo zurückgegeben werden kann!

Brauchen wir Werbung?

1 Welches Kind hat recht?
Wie denkst du über Werbung?

Werbung ist überall:
im Katalog, in der Zeitung,
in der Illustrierten,
im ...

2 Wo findest du noch Werbung?

WERBE-
MATERIAL erarbeiten Fachleute. Dazu gehören Wissenschaftler, Zeichner, Fotografen, Texteschreiber.
WERBUNG kostet viel Geld.
WERBUNG dient der Information.
WERBUNG versucht, uns zum Kaufen zu bewegen oder Wünsche zu wecken.
WERBUNG dient dem Käufer und dem Verkäufer beziehungsweise dem Hersteller.

3 Untersuche Werbetexte!
Was versprechen sie?
Wofür wird geworben?
Welche der Werbungen findest du wichtig?
Auf welche könntest du verzichten?
4 Begründe deine Meinung!

Heute ist Einkaufstag. Du hast dir einen neuen Anorak gewünscht. Überall sind Preisschilder und Werbesprüche.

1 Wie wirst du dich jetzt entscheiden?
Begründe deine Meinung!

Oft ist es nicht leicht, zwischen so vielen Produkten auszuwählen. Jeder hat bestimmte Erwartungen und Vorstellungen von dem, was er kaufen möchte.

2 Wonach richtest du dich?

Auch das ist Werbung. Zeichen verschiedener Handwerker schmücken so manches Haus in Städten und Dörfern. Sie stellen Symbole des Handwerks dar.

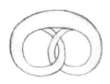

3 Wo sind dir solche oder ähnliche Zeichen in deinem Heimatort aufgefallen?

Beschreibe eines, das dir besonders gefällt! Welches Handwerk wird dargestellt?

4 Gestalte selbst ein Werbeplakat, einen Werbetext oder ein Handwerkersymbol!

Erholung und Freizeit in der Familie

Florian kommt vom Unterricht nach Hause. Erleichtert läßt er sich in einen Sessel fallen. „War das ein anstrengender Tag. Jetzt muß ich mich erst einmal erholen."
Dabei überlegt er: ‚Heute habe ich einen freien Nachmittag. Was fange ich nur damit an?'

1 Schlage vor, wie Florian sich erholen könnte!
Begründe diesen Vorschlag!

Doch nicht immer ist nachmittags nur freie Zeit.

2 Wie teilst du dir den Nachmittag ein, damit du auch noch Freizeit gewinnen kannst?
3 Stelle dir einen Nachmittagsplan für eine Woche auf!

Am Wochenende nutzen viele Familien einige Stunden für Freizeit-
beschäftigungen.

1 *Mit wem verbringst du diese Zeit am liebsten?*
  Was unternehmt ihr gemeinsam?
2 *Erzähle, wie du das letzte Wochenende verbracht hast!*
  Was war interessant, was hat dich gelangweilt?
  Denke darüber nach, warum die Menschen ihre Freizeit unter-
  schiedlich verbringen!

3 *Was hältst du vom Wandern?*
4 *Was spielst du am liebsten*
  mit anderen Kindern?
5 *Gibt es auch Dinge, mit*
  denen du dich lieber allein
  beschäftigst?

Wo befinden sich in deinem Heimatort:

- ein Sportplatz
- ein Spielplatz
- ein Tierpark oder Zoo
- ein Freibad
- ein Hallenbad

- ein Kino
- eine Bibliothek
- ein Wald
- ein Berg
- eine Wiese?

---

6 *Benutze zur Suche einen Stadt- oder Ortsplan!*
  Beschreibe, was du dort in den Jahreszeiten tun kannst!
7 *Erzähle von deinen Hobbys! Wodurch wurdest du dazu*
  angeregt?

Fernsehen in der Freizeit

Ist Fernsehen eine sinnvolle Freizeitbeschäftigung?
Über diese Frage wurde in der 3b gesprochen:

Lauras Meinung:

Manche sitzen nur vor der „Röhre", das ist doch langweilig. Unsere Familie geht am Wochenende viel spazieren oder zum Sport. Da kann ich mal richtig toben. Ich sehe aber gern Trickfilme.

Tinas Meinung:

Ich gucke viel Fernsehen. Besonders gern sehe ich Filme über die Natur und die Technik. Viele Vorgänge kann ich durch Bilder besser verstehen. Fernsehen ist interessant und macht klug.

Florians Meinung:

Ich suche mir aus dem Fernsehprogramm heraus, was ich gern sehen möchte. Action muß sein und Abenteuer. Fernsehen ist für mich ein toller Zeitvertreib.
Werbefilme finde ich oft ganz lustig.

1 ▼ *Äußere dich zu diesen Meinungen! Welche Fernsehsendungen bevorzugst du? Sprichst du mit jemandem über deine Fernseherlebnisse? Was interessiert dich besonders?*

2 ▼ *Stelle fest, wieviel Zeit du täglich vor dem Fernseher verbringst! Berate mit deinen Eltern über deine Fernsehgewohnheiten!*

Ein verlockendes Angebot gibt es im Fernsehen auf vielen Sendern von früh bis spät.

▼
1 *Wie wählst du aus diesem Angebot aus?*
Wer könnte dir dabei helfen?

2 *Wie einigt ihr euch in eurer Familie, wenn jeder eine andere Sendung zur gleichen Zeit sehen möchte?*

3 *Welche Sendungen seht ihr euch gemeinsam an?*

15.05 Tarzans Vergeltung SW
(Tarzan And His Mate)
US-Spielfilm (1934)

16.45 Wunderbilder aus der Tierwelt

Seepferdchen sind einzigartig in der Tierwelt: Die Männchen (Foto) sorgen allein f[...] die Brutpflege. – 30 Minute[...]

9.15 Mission Galactica

11.00 Bildergeschichten
Pauline spielt Gitarre

11.30 Antarktis
Ein Jahr bei Robben und Pinguinen
4. Leben unter dem Eis

12.00 Ländermagazin

12.45 Markt
Das Wirtscha[...]

14.02 D[...]
mit de[...]

13.45 Die Ewoks
Wie ein Schwindler alle betrog (Wdh.)

14.05 Kalles Kleister Kompanie
Verkehrsspots für Kinder

14.30 Es w[...] Amerika
25. Das Ende der Indianer (siehe rechts)

15.00 Tagesschau

15.03 Winnetou und das Halbblut Apanatschi
Dt-Jugend-[...]

15.25 Dick und Doof werden Papa
(VPS 15.30)
(The Bohemian Girl)
US-Spielfilm (1936) v[...]
James W. Horne mit D[...]
Hood u. a. (siehe rec[...]

16.00 heute

[...]ue Abente[...]
[...]k Beauty
[...]lie Zigeu[...]
[...]orning,
[...]on Bu[...]

16.25 logo

16.35 mittendrin
Peter Lustig beschäftigt sich heute mit dem Stoff, der alles bewegt: dem Erdöl.

[...]nschen – Aber [...]remde Geister sir[...]
[...]efährlich – Bei de[...]
[...] Norden

10.00 Old Shatterhand
– das bin ich
Mit Karl May

18.45 Wetter/ Gewinnzahlen

18.50 Sandmännchen

19.00 ungeschminkt
Das Frauenjournal aus Brandenburg

19.30 Wenn's nach mir ginge ...
Mit Kommunalpolitikern im Gespräch

19.45 Heimatbilder
Volkstümliche Musik

13.30 Siebenstein

13.55 Werner Fend: Mein Dschungelbuch
Unternehmen Bärenfang

13.05 Vorsicht Kamera
Mit Chris Howland

13.35 Raumschiff Enterprise
Das Spukschloß im Weltall
Drei Crew-Mitglieder werden auf einen unbekannten Planeten gebeamt. Einer von ihnen stirbt sofort, als man ihn zurückholt ...

13.15 Nachdenken über Europa
Gesprächsrund[...]
Frankfurt / Od[...]

14.15 Alles T[...]

14.30 FLIMM[...] König Ph[...]
DFF-Film [...]

17.30 Hallo Spen[...]
Die Stadt steht ko[...]

Spencer ist verwirrt: Das Blumenmädchen will den Kamin kehren, und der Bäcker möchte ihm Blumen verkaufen. Was ist heute los in der Stadt?

18.00 baff Schülermagazin

18.30 Die Trickfilmschau

18.45 Viertel vor 7

[...]30 Allegro
Das Musikquiz
Mit Sven Thanheiser
Stargast: Manuel Barrueco

4.15 FM
Rettet die Mulack – Ein Jahr im Berliner Scheunenviertel

15.00 "WENN DU MICH FRAGST ..." Nur ein paar Fische
Geschichten aus dem Alltag für junge Leute

15.25 Der Kreis
Stadtleben – Irgendwo auf dieser Erde

15.30 Das fliegende Klassenzimmer SW
Dt. Spielfilm von 1954
Regie: Kurt Hoffmann

[...]30 Brandenburg-Journal

[...].00 Von unseren Nachbarn

12.00 Querlandein
Das Kleingedruckte

12.10 Medizin nach Noten

12.20 Rudis halbe Stunde
Highlights aus Rudi Carrell-Show[...]

12.50 Detektiv Rockford: Anruf gen[...]
US-Fernsehserie (1[...]

12.45 heute

12.47 Wir stellen uns
Der Fernsehrat: Ratgeber oder Kontrolleur?

13.15 Damals
Vor vierzig Jahren
Olympische Spiel[...]

18.00 Art Attack
Kunst macht Spaß

18.15 Telewischen
Unterhaltungs-[...]edienmagazin

Fernsehen löst in uns die unterschiedlichsten Gedanken und Gefühle aus:

▼
4 *Auf welche Sendungen trifft das bei dir zu?*

Bestimmt hast du auch schon bemerkt, daß du beim Fernsehen manche Worte oder Bilder nicht verstehst oder daß dir eine Sendung nicht gefällt.

▼
5 *Was tust du dann?*
- *Fernsehgerät ausschalten und lieber etwas anderes tun,*
- *mit deinen Eltern oder anderen Personen darüber sprechen,*
- *weitergucken, ohne jemanden zu fragen,*
- *eine andere Sendung einschalten.*

Tauscht eure Meinungen aus! Begründe deine Meinung!

29

Meine Freundin ist behindert

Florian berichtet seiner Klasse von einem besonderen Erlebnis am Wochenende:

„Meine Familie verbringt das Wochenende oft gemeinsam. Vorher überlegen wir immer, was uns allen am meisten Freude machen könnte. Diesmal hatte Mutti einen ganz besonderen Vorschlag: ‚Was haltet ihr davon, wenn wir Simone und die Familie von Harald zu einem Wochenendausflug zur Gartenbauausstellung überreden?' fragte sie uns.

Wir waren überrascht, aber dann begeistert. Ihr müßt wissen, Harald hatte einen Unfall und kann sich nur im Rollstuhl fortbewegen, und Simone, meine Freundin, besucht an den Wochentagen eine Schule für sehschwache Kinder. Am Wochenende spielen wir oft zusammen.

Die Ausstellung befand sich in einem großen Erholungspark. Die vielen alten, mächtigen Bäume und die bunten Blumenbeete gefielen uns sehr. Während Harald und ich die Farbenpracht der Blumen bestaunten, befühlte Simone von Zeit zu Zeit einen Baum, eine Blüte, und erfreute sich an deren Duft: ‚Das ist eine Tanne, sie riecht nach Harz. Und hier stehen Rosen, sie duften stark.' Selbst Blätter konnte sie mit ihren Fingern erkennen, indem sie sie abtastete. Mutti sagte: ‚Simone sieht mit ihren Händen.'
Auch wir probierten, Pflanzen an ihrem Duft, an ihrer Blütenform oder ihren Blättern zu erkennen. Simone war fast immer schneller.

Dieses Schild fanden wir bei den Rosen. Es gibt den Namen der Blume auch in Blindenschrift wieder. Sie wird durch abtastbare Punkte dargestellt.

Durch Betasten des Schildes konnte Simone „lesen", welche Blumen hier ausgestellt waren.

Kunstvoll hatten Blumenbinderinnen Sträuße zusammengefügt. Das wollten wir zu Hause selbst versuchen.

Das ausgestellte Obst und Gemüse sah so appetitlich aus, daß wir am liebsten gleich hineingebissen hätten. Vati kaufte uns später saftige Pfirsiche. Die schmeckten uns allen gut.

30

Die längste Zeit verbrachten wir auf dem Spielplatz. Alle waren fröhlich. Könnt ihr euch denken, welche Spiele wir gemeinsam spielen konnten? Bei anderen brauchten Harald und Simone unsere Hilfe. Harald zeigte mir seinen neuen Fotoapparat. Er fotografiert gern und weiß sehr viel darüber. Harald fotografierte mich, als ich mir auf dem Klettergerüst die Welt von oben betrachtete.

Als wir später in einer kleinen Gaststätte Eis essen wollten, schüttelte Haralds Mutti traurig den Kopf. ‚Leider können wir nicht mitkommen, wegen der Stufen‘, sagte sie. Noch nie hatte ich darüber nachgedacht. Ein, zwei Schritte – und schon war ich oben.

Aber Harald und sein Rollstuhl? Ich war sehr nachdenklich geworden. Zum Glück konnten unsere beiden Vatis den Rollstuhl nach oben heben.
Vati erklärte mir, daß Menschen auf verschiedene Weise behindert sein können. So wie Simone beim Sehen, Harald in seinen Bewegungen behindert ist, gibt es auch Behinderungen beim Hören, Sprechen und Denken. Vati sagt, wir sollten füreinander mehr Verständnis haben, damit wir besser miteinander leben können.

▼

1 Stelle fest, welche Hilfen für Behinderte es in deinem Heimatort gibt!

2 Sprecht darüber, wie jeder helfen kann, wenn er mit Behinderten zusammentrifft!

3 Was könnte in eurem Ort noch getan werden?

Wie wir in der Klasse zusammenleben

Klaus hat Gabi die Federtasche weggenommen. Er wirft sie anderen Jungen zu. Gabi läuft vergeblich hinterher. Sie ärgert sich und ruft ihre Freundin zur Hilfe.
Über Tische und Bänke geht eine wilde Jagd, alle rufen und schimpfen. Der „schönste" Streit ist im Gange.

wirf sie her!

Du Affe!

Gib die Federtasche!

Ich sags' Frau Schneider!

1 *Wie könnte der Streit beendet werden?*
2 *Erzähle von einem Streit in deiner Klasse!*
In jeder Klasse gibt es ab und zu Auseinandersetzungen. Dafür findet sich immer wieder ein Anlaß. Zum Beispiel ...

3 *Was hältst du vom „Streiten"?*
  Ist das noch ein „Streit", wenn folgende Regeln eingehalten werden?
  - *Erst ruhig und genau überlegen, bevor man spricht.*
  - *Die eigene Meinung ausführlich begründen.*
  - *Die Meinung und Begründung anderer Kinder überdenken.*
  Kann es sein, daß mehrere Kinder recht haben? Begründe!
4 *Wie verhältst du dich, wenn sich in deiner Klasse Kinder streiten?*
  Mischst du dich ein? Begründe!
5 *Stellt selbst Regeln für das Zusammenleben in der Klasse auf!*

Jens und Rolf schreien sich in der Pause plötzlich an. Sie gehen aufeinander los, schlagen sich ins Gesicht und treten mit den Füßen. Ein böser Streit.

6 *Könnt ihr euch eine andere Lösung vorstellen?*
  Sprecht über folgenden Vorschlag:
  - *Sprich mit dem anderen ruhig und höre ihm zu.*
  - *Stelle dir vor, du wärst der andere.*
  - *Entschuldige dich, wenn du den Anlaß zum Streit gegeben hast.*
  - *Sage auch offen, was dir nicht gefällt.*

Jedes Schulkind möchte sich auch in seinem Klassenraum wohlfühlen. Die Klassenzimmer der 4a und 4b liegen nebeneinander. Stehen in der Pause die Türen offen, kann man einen Blick hineinwerfen.

1 Vergleiche beide Klassenräume. Wie sieht es in eurem Klassenraum aus?

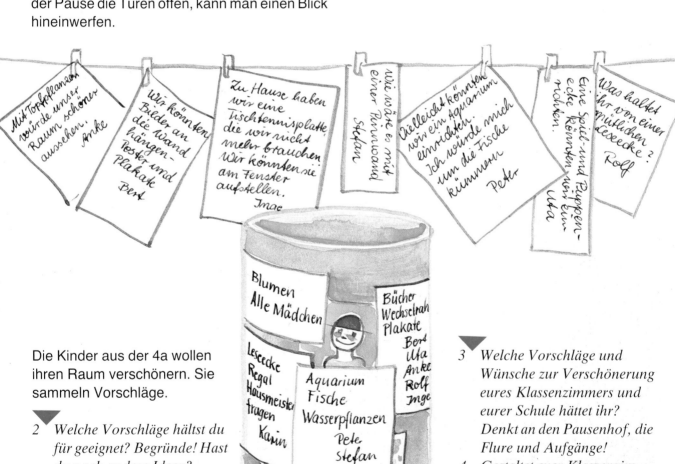

Mit Topfpflanzen würde unser Raum schöner aussehen. Anke

Wir könnten Bilder an die Wand hängen - Poster und Plakate Bert

Zu Hause haben wir eine Tischtennisplatte, die wir nicht mehr brauchen. Wir könnten sie am Fenster aufstellen. Imse

Wie wäre es mit einer Pinnwand Stefan

Vielleicht könnten wir ein Aquarium einrichten. Ich würde mich um die Fische kümmern Peter

Eine Spiel- und Puppen- ecke könnten wir ein- richten. Ufa

Was haltet ihr von einer gemütlichen Leseecke? Rolf

Blumen Alle Mädchen

Bücher Wechselrah Plakate Bert Ufa Anke Rolf Imge

Lesecke Regal Hausmeister fragen Karin

Aquarium Fische Wasserpflanzen Pete Stefan

Die Kinder aus der 4a wollen ihren Raum verschönern. Sie sammeln Vorschläge.

2 Welche Vorschläge hältst du für geeignet? Begründe! Hast du noch andere Ideen?

Die Kinder haben sich geeinigt. Sie stellen Merkblätter zusammen, damit jeder seine Aufgabe genau kennt. Nun kann die Arbeit beginnen.

3 Welche Vorschläge und Wünsche zur Verschönerung eures Klassenzimmers und eurer Schule hättet ihr? Denkt an den Pausenhof, die Flure und Aufgänge!

4 Gestaltet euer Klassenzimmer nach eigenen Vorstellungen um! Laßt euch aber beraten und sucht Helfer! Vielleicht könnt ihr nach den Arbeiten im Klassenraum ein Fest planen und vorbereiten.

33

Die „Neue" kommt aus Italien

„Am Montag gibt es eine Überraschung", sagte Frau Korn, die Klassenlehrerin. Alle waren gespannt.

Dann ist es soweit. Frau Korn stellt eine neue Mitschülerin vor: „Das ist Romina. Sie kommt aus Italien und lebt jetzt schon ein Jahr in Deutschland. Ihre Familie ist in unsere Stadt gezogen. Rominas Eltern haben das kleine Eiscafé in der Werderstraße eröffnet."

Stefan meldet sich ungeduldig. „Ich war mit meinen Eltern in Italien. Darf ich Bilder mitbringen?"

„Ja natürlich, vielleicht erzählt uns Romina etwas von ihrer Heimat?"

Romina ist schüchtern, doch zusammen mit Stefan als Helfer fällt es ihr leichter zu sprechen.

Stefan: So sah es an unserem Urlaubsort aus. Schade, daß ihr die heiße Sonne nicht spüren und das Rauschen der Wellen nicht hören könnt.

Romina: Es ist bei uns wirklich viel wärmer als hier. Manchmal habe ich Sehnsucht nach zu Hause.

Stefan: In Neapel wohnen die Leute oft ziemlich beengt in den alten Häusern. Ko-

misch fand ich, daß man die Wäsche quer über die engen Straßen hängt.

Romina: Manche Leute sind wie bei euch arbeitslos. Sie können sich keine andere Wohnung leisten. Einige wohnen aber auch gern in den alten Innenstädten.

Romina: Meine Lieblingsspeisen sind Pizza und Spaghetti.

Stefan: Die Pizza hat mir in Italien viel besser geschmeckt als die fertige aus der Tiefkühltruhe. Hast du nicht ein Rezept, Romina? Vielleicht können wir mal italienisch kochen?

Romina: Du kochst? Unsere Jungs spielen am liebsten Fußball. Aber manche Vermieter erlauben nicht, daß sie auf dem Hof spielen.

Stefan: Fußball finde ich auch toll. Aber Spielplätze habe ich bei euch nicht gesehen.

▼ *1 Was meinst du zu diesem Gespräch?*

▼ *2 In welches Land möchtest du einmal verreisen?*
3 Interessiert euch das Leben der Kinder in anderen Ländern? Dann gestaltet eine Ausstellung mit Büchern, Bildern, Karten, Texten …!
4 Vielleicht entwerft ihr ein Quiz.

Romina hört ein Gespräch.

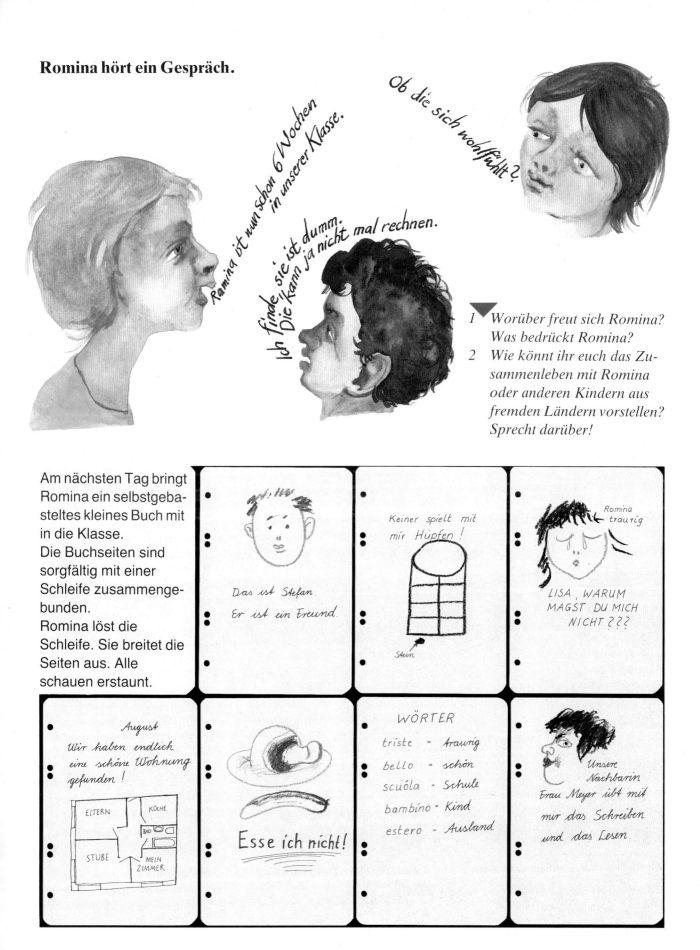

Romina ist nun schon 6 Wochen in unserer Klasse.

Ob die sich wohlfühlt?

Ich finde, sie ist dumm. Die kann ja nicht mal rechnen.

1 Worüber freut sich Romina? Was bedrückt Romina?
2 Wie könnt ihr euch das Zusammenleben mit Romina oder anderen Kindern aus fremden Ländern vorstellen? Sprecht darüber!

Am nächsten Tag bringt Romina ein selbstgebasteltes kleines Buch mit in die Klasse.
Die Buchseiten sind sorgfältig mit einer Schleife zusammengebunden.
Romina löst die Schleife. Sie breitet die Seiten aus. Alle schauen erstaunt.

Das ist Stefan. Er ist ein Freund.

Keiner spielt mit mir Hüpfen!
Stein

Romina traurig
LISA, WARUM MAGST DU MICH NICHT???

August
Wir haben endlich eine schöne Wohnung gefunden!
ELTERN   KÜCHE   BAD   STUBE   MEIN ZIMMER

Esse ich nicht!

WÖRTER
triste = traurig
bello = schön
scuóla = Schule
bambino = Kind
estero = Ausland

Unsere Nachbarin Frau Meyer übt mit mir das Schreiben und das Lesen

Schulwechsel

Die Grundschule besuchen alle Kinder von der ersten bis zur vierten Klasse. In manchen Bundesländern gehören auch die Klassen 5 und 6 zur Grundschule.

Auf dem Foto siehst du 26 Schülerinnen und Schüler einer Grundschule. Sie kennen sich seit der ersten Klasse. In dieser Zeit haben die Kinder eine Menge erfahren, gelernt und gemeinsam erlebt. Sie können lesen, schreiben und rechnen und finden sich schon ganz gut in ihrer Umgebung zurecht. Auch über sich selbst und das Zusammenleben mit anderen wissen sie allerhand.

Am Ende des Schuljahres werden sich ihre Wege trennen. Manche wissen schon, an welche Schule sie gehen möchten.

1 *Sprich darüber, was du besonders gut kannst!*

2 *In welche Schule möchtest du nach der Grundschule gehen?*
Was weißt du schon darüber?

3 *Erkundet:*
- *die Länge der Schulzeit in einzelnen Schularten*
- *die Standorte verschiedener Schulen im Heimatgebiet*
- *Berufswege, die ihr nach dem Besuch solcher Schulen gehen könnt.*
Ihr könntet auch ein Projekt über die Schularten gestalten.

4 *Berate mit deinen Eltern und deinen Lehrern über den bevorstehenden Schulwechsel!*

Viele Fragen bewegen die Kinder vor einem Schulwechsel.

Wie wird die andere Schule aussehen?

Ob ich alle Anforderungen bewältigen kann?

Hoffentlich habe ich mich richtig entschieden?

Wie werden die neuen Lehrer sein?

Finde ich wieder Freunde?

Gern würde ich dort weiter Fußball spielen! Ob das geht?

Sindy hat ihrer Oma einen Brief geschrieben.

9.5.92

Liebe Omi!

Nun geht mein 4. Schuljahr bald zu Ende. Ich denke schon immer daran, daß ich dann in eine andere Schule muß. Ich habe ein bißchen Angst davor, weil es mir schwer fallen wird, mich von meinen Freunden und meiner Lehrerin zu trennen. Andererseits freue ich mich auch auf die neue Schule und bin gespannt, was mich dort erwartet. Sicher muß ich mich auch erst an den neuen Schulweg gewöhnen. Liebe Omi, drücke mir die Daumen, daß ich alles gut schaffe.
Tschüssi
Deine Sindy

Die Kinder unserer Grundschulklasse haben zum bevorstehenden Schulwechsel verschiedene Meinungen:

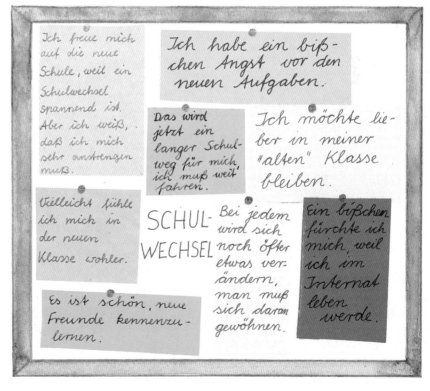

Ich freue mich auf die neue Schule, weil ein Schulwechsel spannend ist. Aber ich weiß, daß ich mich sehr anstrengen muß.

Ich habe ein bißchen Angst vor den neuen Aufgaben.

Das wird jetzt ein langer Schulweg für mich, ich muß weit fahren.

Ich möchte lieber in meiner "alten" Klasse bleiben.

Vielleicht fühle ich mich in der neuen Klasse wohler.

SCHUL-WECHSEL

Bei jedem wird sich noch öfter etwas verändern, man muß sich daran gewöhnen.

Ein bißchen fürchte ich mich, weil ich im Internat leben werde.

Es ist schön, neue Freunde kennenzulernen.

1 Welche Gedanken und Gefühle bewegen sie?

2 Wie sind die Meinungen in eurer Klasse? Sprecht darüber!

Schule in früherer Zeit

Vor etwa 75 Jahren lernten Schulkinder in Deutschland die Sütterlinschrift lesen und schreiben. Die Schriftzeichen entwarf der deutsche Pädagoge und Grafiker Ludwig Sütterlin.

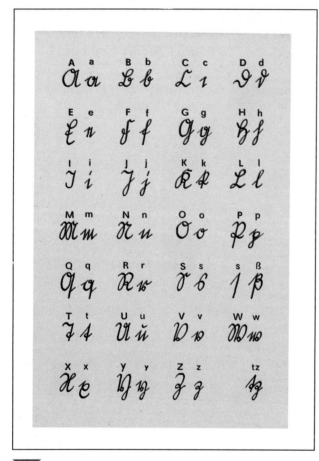

1   *Vergleiche die Buchstaben der alten deutschen Schrift mit der Schulschrift, die du gelernt hast!*

Versuche, den Text auf der Tafel zu lesen!

Vieles war früher anders in den Schulen. Ungefähr so viele Schüler gingen damals in eine Klasse der Volksschule.

Jahr	Schülerzahl
1830	117
1860	75
1870	61
1910	43

2   *Vergleiche die Schülerzahlen mit der Anzahl der Schüler in deiner Klasse!*
Was sagen die Zahlen aus?

In dieser Zeit gingen die Kinder nur sehr unregelmäßig zur Schule. Viele mußten, wenn ihre Eltern arbeiteten, auf ihre Geschwister aufpassen. Für über die Hälfte der Schulkinder hatten die Eltern noch Schulgeld zu bezahlen. Nur einige der ärmsten erhielten das Schulgeld von Kirchen und Vereinen. Und manche Kinder konnten nie eine Schule besuchen.

Wochenplan der Klassen 3 und 4 aus dem Jahre 1827

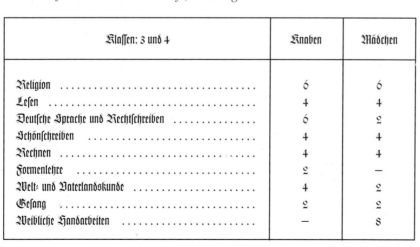

Klassen: 3 und 4	Knaben	Mädchen
Religion	6	6
Lesen	4	4
Deutsche Sprache und Rechtschreiben	6	2
Schönschreiben	4	4
Rechnen	4	4
Formenlehre	2	—
Welt- und Vaterlandskunde	4	2
Gesang	2	2
Weibliche Handarbeiten	—	8

3   *Betrachte diesen Wochenplan einer Armenschule aus dem Jahre 1827!*
Vergleiche ihn mit deinem Stundenplan!
Was fällt dir noch auf?

Dieser Schulanfänger kam 1923 in die Schule. Er verbrachte seinen Schultag auf dieser Schulbank.

▼ *1 Vergleiche die Schulbank mit heutigen Schulmöbeln! Erkennst du Vor- oder Nachteile?*

Mit dieser Schulglocke läutete früher der Schuldiener oder Hausmeister, wenn die Stunde begann oder beendet wurde.

▼ *2 Wie wird bei euch der Anfang oder das Ende einer Stunde oder des Unterrichts angezeigt?*
Habt ihr vielleicht eine bessere Idee?

So könnte es früher in einem Klassenraum ausgesehen haben. Was gehört in die heutige Zeit?

▼ *3 Erkunde, wo du dir solche Gegenstände in einem Schulmuseum genauer ansehen kannst!*
4 Informiere dich über das Schulleben vergangener Jahrzehnte! Befrage auch deine Großeltern, Urgroßeltern oder ältere Nachbarn nach Stundenplänen, alten Zeugnissen, …!

Von der Feder zum Füller

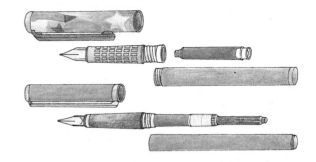

Frau Diene gibt die Diktathefte zurück. „Tino, deine Schrift gefällt mir nicht." Tino ärgert sich. „Daran ist nur der Füller schuld", versucht er sich zu entschuldigen, „der schreibt nicht richtig."
Zu Hause sagt er: „Mutti, ich möchte einen Kugelschreiber! Damit kann ich bestimmt besser schreiben."
„Nanu", wundert sich Mutti, „der Füller schreibt doch gut."
Tino fragt: „Mußtest du eigentlich in der Schule mit einem Füller schreiben?"
Mutti erklärt: „Natürlich, aber wir hatten Kolbenfüller, die ich immer selbst gefüllt habe. Die Feder tauchst du dabei tief ins Tintenfaß, und mit dem Kolben wird die Tinte in den Füllertank gesaugt. Du brauchst ja nur Patronen einzusetzen.
Frag' doch mal deine Uroma Lisbeth, womit sie in ihrer Schulzeit geschrieben hat."

sie bestehen wie die Tafel aus Schiefer. Damit man sie besser anfassen kann, ist bei manchen um den oberen Teil Papier gewickelt.
Die Uroma schreibt einige Wörter in der alten Schrift, die sie gelernt hat, auf. Tino kann sie nur mit ihrer Hilfe lesen.
„Mit dem feuchten Schwamm könnt ihr die Schrift leicht wegwischen."
Tino und Anja probieren es gleich. Es macht ihnen Spaß. Uroma Lisbeth erzählt weiter: „Später, in der 2. oder 3. Klasse, habe ich mit Tinte ins Heft geschrieben. Eine Stahlfeder wurde in einen Federhalter gesteckt und dann in Tinte getaucht. Die Tinte blieb haften, und so schrieb ich. Das war nicht leicht, denn wenn zuviel Tinte an der Feder hängen blieb, gab es häßliche Kleckse."
Tino versucht zu schreiben. Zuerst wird die Schrift sehr breit, dann immer dünner, bis die Tinte verschrieben ist. Die Feder kratzt auf dem Papier.
Tino stöhnt: „Da schreibe ich doch lieber mit meinem Füller. Ich werde es schon noch schaffen."

Als Tino und seine Schwester Anja die Uroma besuchen, fragen sie gleich nach dem Füller.
Lisbeth erinnert sich: „Vor über 60 Jahren habe ich Buchstaben und Zahlen mit einem Griffel auf die Schiefertafel geschrieben."
Und weil sie alles aufgehoben hat, zeigt sie jetzt den Kindern den Griffelkasten mit den Griffeln und ihre Tafel. Die Griffel sehen aus wie Stifte,

Am Wochenende wartet eine Überraschung auf die Kinder. Die Eltern führen Tino und Anja in ein Museum.

Der Vater zeigt ihnen, womit früher die Menschen über viele Jahrhunderte geschrieben haben.

Auf einem schrägen Tisch, dem Stehpult, steckt in einem Tintenfaß eine große weiße Gänsefeder. Daneben liegt ein Blatt, das sehr schön und gleichmäßig beschrieben ist. Manche Buchstaben sind sogar verziert. Die Kinder staunen: „Das soll mit einer Gänsefeder geschrieben sein?" Am liebsten würden sie es selbst versuchen.

Wer sich eine große Gänsefeder besorgt, kann es probieren.

Die Feder wird vorsichtig mit einem fettlösenden Mittel (Kernseife, Geschirrspülmittel) gewaschen und anschließend abgetrocknet. Mit einem scharfen Messer schneidet man den Federkiel am unteren Ende schräg an.

1 *Versuche es nun: Tauche die Feder in Tinte und schreibe!*
Du kannst auch eine alte Schrift probieren. Teste, wie du die Feder am besten hältst! Wie vermeidest du Kleckse?

2 *Womit möchtest du schreiben? Begründe!*
3 *Vergleiche Schreibgeräte aus verschiedenen Zeiten!*

4 Welche Schreibgeräte kennst du noch?

Mit unseren Sinnen entdecken wir die Umwelt

Sieh dir das Radio an. Spielt es laut? Nimm einen Apfel in die Hand. Fühle, ist er süß oder sauer? Halte eine Blume an dein Ohr. Duftet sie gut? Sicher hast du gemerkt, daß hier etwas nicht stimmt. Alles, was um dich herum vorgeht, kannst du mit deinen fünf Sinnen (Sinnesorganen) erfassen, aber jedes Sinnesorgan hat eine bestimmte Aufgabe.

Wir sehen

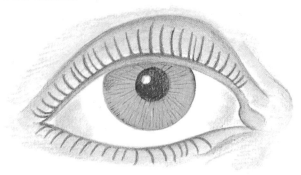

Mit den Augen erkennst du: Hell-Dunkel-Unterschiede, Farben, Formen, Größen, Entfernungen, Bewegungen, räumliche Anordnungen.

▼
*1   Probiere selbst!
    Vielleicht hilft dir die Abbildung.*

Unsere Augen sind sehr empfindlich. Sie müssen geschützt werden.

▼
*2   Wie schützen Augenbrauen
    und Wimpern deine Augen?
    Wie reagieren deine Augen,
    wenn plötzlich etwas in ihre
    Nähe kommt?*

*3   Benenne Tätigkeiten oder
    Situationen, bei denen
    Menschen eine Schutzbrille
    tragen!*

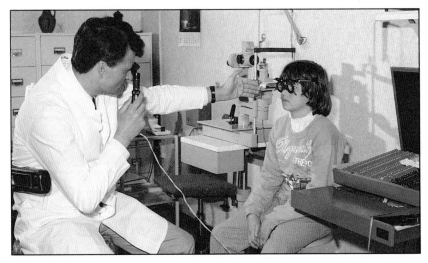

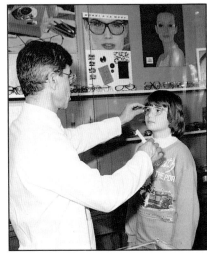

Nicole kann manches nur undeutlich sehen.
Sie braucht eine Brille.
Zunächst muß der Augenarzt den Fehler feststellen.

Der Augenoptiker paßt die Brille an. Nun sieht auch Nicole alles deutlich.

So sieht die Schrift aus, die er erlernen muß.

A	E	I	M	Q	U	Y	Ü	EI
B	F	J	N	R	V	Z	AU	CH
C	G	K	O	S	W	Ä	ÄU	SCH
D	H	L	P	T	X	Ö	EU	IE

Rainer kann fast nichts sehen.
Er ist blind.
Rainer lernt mit den Fingern lesen, er tastet die Schrift ab.

Mit einer Armbinde und dem weißen Stock ist Rainer auf der Straße gut zu sehen.

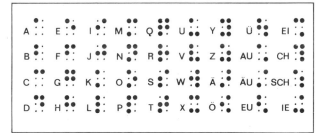

Rainer schreibt mit einer Blindenschreibmaschine.

Rainer muß auf der Straße besonders aufmerksam hören und tasten. Und du?

Wir hören

Mit den Ohren hören wir Töne, Klänge
und Geräusche unterschiedlicher
Höhe und Stärke.

Hohe Töne – tiefe Töne ▼

1   *Spiele auf einem Instrument (Flöte, Kla-
    vier, …) unterschiedliche Töne und singe sie
    nach!
    Probiere, wie hoch und wie tief du singen
    kannst!*

Laute Klänge – leise Klänge ▼

2   *Probiere an einem Radio kurz alle möglichen
    Lautstärken aus! Stelle es dann auf Zimmer-
    lautstärke!
    Kontrolliere jeweils vom Nebenzimmer! In
    welchem Beispiel könntest du andere stören?
    Überlege, weshalb!*

Geräusche ▼

3   *Lausche aufmerksam den Geräuschen auf der
    Straße, im Klassenzimmer, im Wald und
    anderswo! Wer verursacht Geräusche?
    Was ist leise – angenehm – laut – störend laut –
    sehr unangenehm – fast schmerzhaft?
    Manchmal sind laute Töne wichtig. Wo?*

Beim Telefonieren mußt du genau hinhören!

▼4   *Beschreibe, wie du telefonierst! Welche Töne
     und Geräusche hörst du?
     Was bedeuten sie?*

Sehr laute Töne und Geräusche, die du als störend und unangenehm empfindest, bezeichnet man als Lärm. Wenn du ihn über
eine längere Zeit ertragen mußt, schadet das deiner Gesundheit.

▼
1 Wie schützen sich die Menschen vor Lärm?
*   Suche Beispiele!*

▼
2 Prüfe auf deinem Schulweg,
*   in der Schule und in deinem*
*   Haus, wo Lärm entsteht!*
*   Könnte er vermieden wer-*
*   den?*
3 Wie kannst du Lärm vermei-
*   den oder dich vor ihm schüt-*
*   zen?*

Sebastian und Thomas können Worte, die in normaler Lautstärke
gesprochen werden, nicht verstehen. Sie sind schwerhörig. Das
Hörgerät verstärkt für sie Töne und Geräusche.
Holger und Ines können fast nichts hören. Sie lernten als Kleinkinder auch nicht das Sprechen wie du. Selbst ihre eigenen Laute hören sie nicht.
Sie müssen lernen, wie man Laute formen kann. Ihre Sprache
klingt deshalb anders. Zur Verständigung lernen sie auch die Ge-
bärdensprache. ▼

4 Wie würdest du dich mit Ines verständigen – hast du eine Idee?

Sebastian und Thomas hören
mit einem Hörgerät besser.

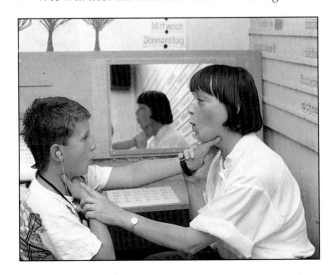

Holger übt mit der Lehrerin das Sprechen.

Ines antwortet auf die Frage mit Hilfe der Gebär-
densprache: „Lesen".

Wir riechen, schmecken, tasten und fühlen

Mit der Nase können wir verschiedenste Gerüche wahrnehmen.

Gerüche sind zum Beispiel:
Würzig, säuerlich, blumig, harzig, brenzlig, fruchtig, faulig.

▼
1 Auf welche der oben abgebildeten Dinge könnten solche Gerüche zutreffen?

Deine Nase warnt dich. Bestimmte Gerüche können ein Signal für eine Gefahr sein.

▼
*2 Beschreibe, wie du dich verhalten würdest,
wenn es brenzlig riecht,
wenn Gewässer oder Lebensmittel faulig riechen,
wenn du Gasgeruch feststellst.*

▼
3 Sicher gibt es bei euch zu Hause diese Dinge. Koste und sage, wie es schmeckt!

Mit der Zunge schmecken wir:

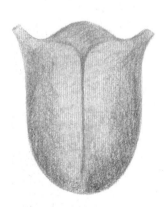

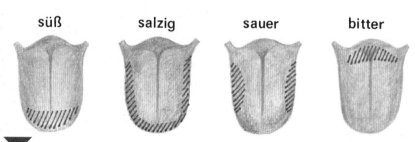

süß   salzig   sauer   bitter

▼
*4 Teste: Koste mit verbundenen Augen Nahrungsmittel, die dir Mitschülerinnen oder -schüler geben!
Erkennst du die Nahrungsmittel?
Bezeichne Geruch und Geschmack!
Was geschieht, wenn du beim Kosten die Nase zuhältst?*
5 Überlege, was du auf keinen Fall kosten darfst. Sprecht darüber!

Mit der Haut spüren wir Berührungen. Mit den Fingern können wir zum Beispiel ertasten, ob eine Oberfläche rauh, glatt, weich, hart, feucht oder trocken ist. Auch runde oder eckige Formen erkennen wir mit Hilfe unserer Hände wieder.

1 *Probiert selbst aus, wie gut ihr tasten könnt! Bastelt einen Probierkarton!*

Es ist ganz leicht:
Aus einem Karton schneidet ihr rechts und links je einen Kreis heraus. Sie sollen so groß sein, daß ihr gerade mit einer Hand hineingreifen könnt.

2 *Versteckt im Karton verschiedene Gegenstände, zum Beispiel: Gummiball, Holzbausteine, Bürste, Stofftier!*
Laßt einige Kinder die Gegenstände ertasten!

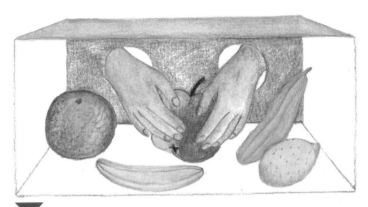

3 *Verbindet einem Kind die Augen!*
Laßt es zuerst durch Tasten, dann durch Riechen und Schmecken eine Obstsorte erraten!
4 *Erfindet weitere Ratespiele!*
5 *Woran könnte Anja ihre Mitschüler auch mit verbundenen Augen erkennen?*
Sie darf tasten und fühlen.

Mit der Haut empfinden wir auch Wärme, Kälte und Schmerz. Vor zu großer Wärme und zu starker Kälte warnt uns unsere Haut.

6 *Beobachte, was auf deiner Haut geschieht, wenn es sehr heiß oder sehr kalt ist!*
Wie schützt du dich gegen zu große Wärme oder Kälte?

Gesund bleiben – aber wie?

1 *Überlege: Weshalb wünschen wir uns zum Geburtstag und zu vielen anderen Anlässen Gesundheit?*

Um gesund und leistungsfähig zu sein und um wachsen zu können, braucht dein Körper Nahrung. Die meisten Menschen essen gern, aber essen alle richtig?

2 *Was heißt es deiner Meinung nach, richtig zu essen? Wähle aus:*
– drei Mahlzeiten täglich – regelmäßig – viel Obst – abwechslungsreich – viele Süßigkeiten – fünf Mahlzeiten täglich – viel Fleisch – wenig – viel.

Detlef: Ich wasche rohes Obst oder Gemüse gründlich, bevor ich es esse.

Klaus: Ich esse keine schimmligen Lebensmittel.

3 *Ordne die abgebildeten Lebensmittel nach:*
- tierischer Herkunft
- pflanzlicher Herkunft

Schreibe heraus:
- Milchprodukte
- Getreideprodukte
- Gemüsesorten

4 *Gib folgenden Lebensmitteln ein „Gütezeichen"! Wähle aus!*

Ich esse/trinke es: **bevorzugt** **ab und zu** **selten**

- Milch • Quark • Joghurt mit Früchten • Schlagsahne • Müsli
- frisches Gemüse • Obstkonserven • frisches Obst • Käse • Eier
- Schokolade • Bonbon • Weißbrot • Brötchen • Vollkornbrot
- Pommes frites • Butter • Cola • Obstsaft • Eis • Brause

5 *Begründe deine Wahl! Sprecht auch darüber!*

6 *Gestaltet ein Rollenspiel: Ich kaufe ein für unser Baby, für einen Geburtstag, für …*

Steffi: Ich kann erkunden, wie lange ein Nahrungsmittel haltbar ist.

7 *Detlef, Klaus und Steffi sind pfiffig. Warum? Bist du es auch?*

Frank: Ich habe morgens nicht so viel Zeit, um noch lange frühstücken zu können.

Matthias: Morgens habe ich keinen großen Hunger. Aber ich trinke eine Tasse Kakao und esse eine halbe Schnitte.

Steffi: Ich esse Müsli. Das schmeckt gut und ist gesund

Nicole: Mutti, mein Bruder und ich frühstücken gemeinsam. Lieber stehen wir etwas früher auf, dann beginnt der Tag in Ruhe.

1 Wie ist deine Meinung? Frühstück – ja oder nein?
Prüfe auch: Wieviel Stunden sind vom Abendbrot des Vortages bis zu deinem ersten Frühstück vergangen?

Vorschlag für dein erstes Frühstück zu Hause:
Müsli oder ein bis zwei Scheiben Vollkorn- oder Mischbrot (selten Weißbrot oder Brötchen) mit Butter, Honig, Marmelade, Wurst, Quark oder Nußmus,
Milch, Kakao, Milchkaffee oder Kräutertee

2 Bringe ein Frühstück mit in die Schule!
Stelle es dir selbst zusammen!
Zeige, wie du dein Frühstück verpackst und transportierst!
Vielleicht veranstaltet ihr an einem Tag ein „Gesundes Frühstück in der Schule".

Frank sagt: „Mein Lieblingsgericht ist Spaghetti mit Tomatensoße. Das möchte ich jeden Tag essen."

3 Was hältst du davon? Begründe deine Meinung!

4 Stelle dir einen Speiseplan für einen Tag auf! Schreibe deine Essenzeiten in den Plan!
Wenn du deinen Plan vorstellst, begründe die Wahl der Speisen!

Speiseplan	
1. Frühstück	- - - - - - -
2. Frühstück	- - - - - - -
3. Mittagessen	- - - - - - -
4. Vesper	- - - - - - -
5. Abendessen	- - - - - - -

Was unser Körper zu tragen hat

Die Klasse 3b hat Sportunterricht. Die Kinder wählen zwei Mannschaften für ein Staffelspiel. Markus bleibt übrig. Keine Mannschaft will ihn haben. Die Lehrerin teilt ihn Andreas' Staffel zu. Andreas murrt: „Mit dem Dicken verlieren wir nur."

Sich lautstark anfeuernd, kämpfen die Mannschaften um den Sieg. Es steht unentschieden. Jetzt sind die beiden letzten Läufer an der Reihe. Markus aber kommt nicht über den Kasten. „Der Fettsack hat alles verdorben!" ruft Andreas. Auch die anderen schimpfen, nur die Siegermannschaft jubelt. Mit Mühe unterdrückt Markus die Tränen. Er schämt sich und ist ganz unglücklich.

In der folgenden Frühstückspause versucht er sich mit Schokolade und einem großen Stück Kuchen zu trösten. Aber so recht schmeckt ihm beides nicht.

Bettina sieht Markus. Sie sagt zu Anja: „Das vorhin im Sportunterricht war gemein von Andreas." „Stimmt, Markus ist eigentlich ganz prima. Erst gestern hat er mir eine Matheaufgabe erklärt. Wenn er doch nicht so dick wäre!"

Ob ich mich bei ihm entschuldige?

Ob die Jungs ihn nicht zum Fußballspielen mitnehmen könnten?

Er sollte nicht so viel Süßes essen

1 ▼ *Wie ist deine Meinung zu der Geschichte?*
Denke dir selbst einen Schluß dazu aus!

Manche Kinder essen zu wenig. Sie sind deshalb untergewichtig. Diese Kinder sind oft anfälliger für Krankheiten und ermüden schnell bei Sport und Spiel.

2 ▼ *Stelle dich auf eine Personenwaage und ermittle dein Gewicht!*
Bei einem Kinderarzt oder in Büchern kannst du dich informieren, ob dein Gewicht deiner Körpergröße und deinem Alter entspricht.

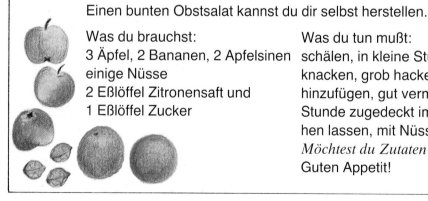

Einen bunten Obstsalat kannst du dir selbst herstellen.

Was du brauchst:
3 Äpfel, 2 Bananen, 2 Apfelsinen einige Nüsse
2 Eßlöffel Zitronensaft und
1 Eßlöffel Zucker

Was du tun mußt:
schälen, in kleine Stücke schneiden
knacken, grob hacken
hinzufügen, gut vermischen, etwa eine Stunde zugedeckt im Kühlschrank stehen lassen, mit Nüssen verzieren.
Möchtest du Zutaten weglassen? Begründe!
Guten Appetit!

1 *Probiere verschiedene Sitz-
haltungen! Bei welcher wird
die Wirbelsäule weniger belastet?*

Betaste deine Hände, deine Arme, deine Beine,
deinen Körper. Was fühlst du?
Es ist kaum zu glauben, jeder von uns trägt über
200 Knochen mit sich herum.
Die Knochen, vor allem aber die Wirbelsäule,
stützen unseren Körper. Ohne sie würden wir
weder aufrecht stehen oder sitzen, noch uns bewegen können. Dazu tragen auch Muskeln und
Gelenke bei. Die Wirbelsäule wird oft sehr
belastet.

Sitzt oder gehst du auch manchmal so?
Sieh dir an, wie sich dabei die Form der Wirbelsäule verändert. So werden Wirbelsäule und
Muskeln stark beansprucht. Eine schlechte Kör-
perhaltung und wenig trainierte Muskeln können
zu Haltungsschäden führen (Abbildung unten).
Deshalb ist es wichtig, die Muskulatur zu stärken
und Fehlhaltungen zu vermeiden.

2 *Prüfe, was du für deine Wirbelsäule tust!*

Kleines Übungsprogramm für
gute Haltung

1. Zehn Kniebeugen mit nach
   vorn gestreckten Armen
2. Rumpfkreisen, fünfmal
   rechts-, fünfmal linksherum
3. Armschwünge nach vorn
   und nach hinten, dabei in
   den Knien nachfedern
4. Mehrmals mit der rechten
   (linken) Hand die linke
   (rechte) Zehenspitze berühren – aufrichten
5. Oberkörper nach vorn fallen
   lassen – ausatmen, Arme
   ausschütteln – aufrichten
   und einatmen.

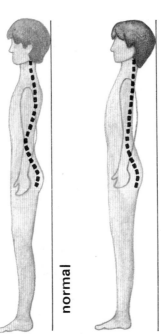

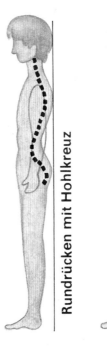

normal   Flachrücken   Rundrücken mit Hohlkreuz   Hohlkreuz

Fehlhaltungen des Rückens

So verbringt Susanne einen Tag

▼
Bei welchen Tätigkeiten muß sich Susanne vor allem körperlich, bei welchen vor allem geistig anstrengen?
Suche sie heraus!

1 *Wobei erholt sich Susanne?*
2 *Vergleiche deinen Tagesablauf mit dem von Susanne!*
3 *Beurteile, wie Susanne ihre Freizeit einteilt!*

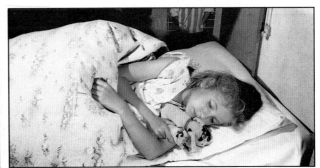

Zur rechten Zeit das Richtige tun

Merkzettel für meinen Tagesplan:

Was ich an einem Tag einplanen sollte.

Unterrichtszeit, Freizeit, Mahlzeiten, Hausaufgaben, Hilfe im Haushalt, Zeit für Körperpflege, Schlaf

Welche ständigen Aufgaben habe ich noch (Geschwister betreuen, ein Haustier versorgen)?

Ferien zu Hause ▼

1 Wie teilst du dir einen Ferientag ein? Wofür möchtest du dir dann mehr Zeit nehmen?

Frau Heuer ist Ärztin und hat der Klasse von ihrer Arbeit erzählt. Kati wird aufgefordert, ein Interview zu machen.

Kati: „Mutti schickt mich immer schon um 19 Uhr ins Bett, das gefällt mir nicht. Muß ich wirklich so früh schlafen gehen?"

Ärztin: „Das ist schon richtig, denn du brauchst den Schlaf so notwendig wie Essen und Trinken."

Kati: „Wieviel Schlaf braucht ein Mensch täglich?"

Ärztin: „Du kannst dir eine Faustregel merken. Ein Erwachsener braucht etwa 8 Stunden Schlaf, Kinder im Alter von 6 bis 7 Jahren etwa 11–12 Stunden, 8 bis 10 Jahren etwa 10–11 Stunden, 11 bis 12 Jahren etwa 9–10 Stunden."

Kati: „Muß ich denn so lange schlafen?"

Ärztin: „Manche Menschen brauchen auch weniger Schlaf. Probiere am besten aus, bei wieviel Stunden du dich am wohlsten fühlst."

Kati: „Manchmal kann ich abends nicht einschlafen. Was raten Sie mir?"

Ärztin: „Damit du ruhig schlafen kannst, empfehle ich dir, zwei Stunden vor dem Schlafengehen nichts mehr ..., vor dem Schlafengehen möglichst keine aufregenden Filme zu sehen, dich abends warm ... oder zu ..., ... anzuziehen, Sorgen nicht mit dir herumzutragen, sondern mit ... zu besprechen, den Schlafraum gut ... oder bei ... Fenster zu schlafen.
Und außerdem Kati: Schlaf macht auch schön."

Kati: „Danke für die guten Hinweise!"

▼

2 Interviewe selbst Erwachsene! Was könnte in den Zeilen stehen?

3 Sprecht darüber, wie ihr einen Nachmittag sinnvoll einteilen könnt! Wie gelingt es euch, Pflichten und Freizeit gut miteinander zu verbinden?

4 Tauscht eure Gedanken darüber aus, bei wieviel Stunden Schlaf ihr euch wohlfühlt!

Ein hübsches Mädchen ist die Jule,
sie geht auch gerne in die Schule,
nur eines finden alle schlecht:
daß Jule sich nicht wäscht.
Sieht man sie kommen, heißt es: mh,
hört man sie reden, heißt es: ah,
doch riecht man sie, dann heißt es: i,
denn Jule wäscht sich nie ...

Da ist 'ne gute Fee gekommen,
hat Jule an die Hand genommen
und sprach zur Jule: „Sei kein Schwein,
steig' in die Badewanne rein!"
Sie riecht die Seife und denkt: mh,
sie wäscht sich richtig sauber: ah,
sie sieht sich selber und sagt: ei,
jetzt ist die Schweinerei vorbei!"

▼
1 Wie gefällt dir Jule besser?
Begründe deine Meinung!
Was hättest du Jule geraten?

▼
2 Beschreibe mit Hilfe der Ab-
bildungen, wie du deinen
Körper pflegst!
Welche Pflegemittel kannst
du empfehlen?

Andrea hat Zahnschmerzen. Ihr Backenzahn hat
ein großes Loch. Nur ein Zahnarzt kann helfen.
Die Zahnärztin bohrt die kranken Stellen des
Zahnes weg und füllt das Loch. Dabei sagt sie zu
Andrea: „...

▼
3 Was wird die Zahnärztin zu Andrea gesagt ha-
ben?
4 Gestaltet ein Rollenspiel: „Beim Zahnarzt"
oder „Der Zahnarzt kommt in die Schule"!

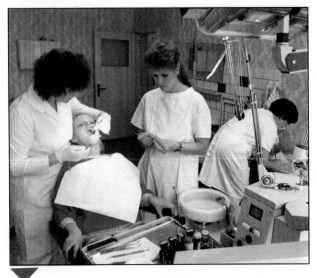

Zahnpflegetip

Beginnt mit waagerechtem Putzen,
was für die Kauflächen von Nutzen;
danach putzt stets von Rot nach Weiß
schön senkrecht und dann Kreis um Kreis.

▼
5 Wie schützt du deine Zähne?
Erkläre: Was heißt beim Putzen: von Rot nach
Weiß?

Gesundheit in Gefahr

1 Wie ist deine Meinung zum Rauchen?
2 Befragt Erwachsene oder Jugendliche, weshalb sie rauchen oder nicht rauchen! Sprecht über die Ergebnisse eurer Befragung!
3 Welche Gründe könnten Peter zum Rauchen gebracht haben?

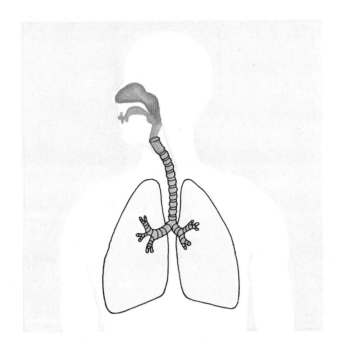

Rauchen oder nicht rauchen?

Wer raucht, sollte wissen, daß er damit sich und andere schädigt. Besonders die Atmung und die Herztätigkeit werden vom Rauchen beeinflußt. Die Abbildung zeigt, welche Organe beim Rauchen belastet werden. ▼

1 *Informiert euch über Gefahren des Rauchens! Rauchen in öffentlichen Einrichtungen – ja oder nein? Begründe deine Meinung!*

- Nase
- Mund und Rachen
- Kehlkopf
- Luftröhre und Bronchien
- Lungenflügel

Doch nicht nur das Rauchen kann der Gesundheit schaden.

Diese Geschichte erleben Franziska und Christian.
Beide sind auf dem Spielplatz. Plötzlich sagt Franziska: „Sieh mal, der Mann dort torkelt über die Straße! Jetzt fällt er auch noch hin!" „Wir müssen ihm helfen!" ruft Christian. Ein anderer Mann kümmert sich schon um den Gestürzten, als die Kinder dazukommen.
„Geht, das ist nichts für euch", sagt er.
Christian stößt Franziska an und lacht: „Der ist ja betrunken!" Als sie zurückblicken, sehen sie, daß der Mann auf der Straße sitzenbleiben will. Er weiß gar nicht mehr, was er tut. Die Kinder fragen sich, wie es dazu kommen kann, daß ein Erwachsener sich so betrinkt. Die Eltern trinken auch manchmal etwas Wein oder Bier.
Franziska erinnert sich, daß ihre Mutter sagte: Wer zuviel Alkohol trinkt, kann sich selbst großes Leid zufügen, aber auch andere in Gefahr bringen.
Franziska und Christian sprechen noch eine ganze Weile darüber, was mit dem Satz gemeint sein kann.

▼
2 *Berate/spiele mit einer Partnerin/einem Partner, was Franziska und Christian nun miteinander reden!*

Alkohol ist ein Gift und wirkt wie eine Droge. Drogen verändern das Sehen, Fühlen, Denken und Handeln des Menschen. Sie können ihn auch krank und süchtig machen. Das heißt: Jemand kann nicht mehr aufhören, Drogen zu nehmen. Der Süchtige braucht sie immer wieder und zerstört so seine Gesundheit und sein Leben.

▼
3 *Neben Alkohol und Zigaretten gibt es noch andere Drogen.*
Was hast du schon darüber gehört oder gelesen?

4 *Sammelt Ausschnitte aus Zeitschriften und Zeitungen zum Thema „Drogen"!*
Sprecht über eure Eindrücke beim Lesen!
Gibt es noch anderes, wonach man süchtig werden kann?

„Hatschi!" – „Gesundheit!"
Merkwürdig, jemand niest, ein
anderer wünscht Gesundheit!
Was hat das eine mit dem anderen zu tun?
Mit dem Niesen kann sich ein
Schnupfen, eine Erkältung ankündigen.
Husten – Halsschmerzen – Fieber? Das kennt jeder von euch.

▼
1 Wie fühlst du dich dann?
Was macht da noch Spaß?
Was versäumst du alles dadurch?
2 Sprich über die Bilder!
Wodurch könnte eine Erkältung entstehen?

Das Wetter und unsere Gesundheit

Geht es dir auch manchmal so?
Sylvia steht vor dem Kleiderschrank. ‚Was soll ich bloß wieder anziehen?' fragt sie sich. Ein Blick nach draußen, die Sonne scheint
herrlich, es ist warm. So greift sie nach einem kurzärmligen T-Shirt
und einem kurzen Rock.
Ob Sylvia richtig entschieden
hat?
Mutter erwischt sie gerade noch
an der Tür. „Hier, lies mal den
Wetterbericht!" Sylvia liest:
„Bloß gut", sagt Sylvia, „ich
überlege noch einmal, was ich
anziehe."

Rasch ansteigende Temperaturen
bis 24 °C. Gegen Mittag Ausbildung von Gewittern. Temperaturen zurückgehend. Starke Winde
aus nordwestlicher Richtung. Unbeständig und kühl.

Zunächst wolkig und kaum noch
Niederschlag. Temperaturen auf
Werte um 15 °C ansteigend.
Mäßiger Wind um West.

▼
3 Was würdest du an einem
solchen Tag anziehen?

Mit passender Bekleidung kannst du eine Erkältung vermeiden.
Doch wie kleidet man sich passend? An manchen Apriltagen wärmen schon die ersten Sonnenstrahlen, wenig später schneit oder
regnet es.
An heißen Sonnentagen kühlt plötzlich die Luft nach einem Gewitter stark ab.
Der Wetterbericht kann dir helfen, täglich die richtige Kleidung zu
wählen, besonders aber beim Wandern, auf Reisen oder bei längerem Aufenthalt im Freien.

Smogalarm!

„Und nun noch eine Warnung! In den nächsten Tagen kommt es besonders in Industriegebieten und Städten des Landes zur Ausbildung von Smog. Es gilt Smogwarnstufe 1. Für Kraftfahrzeuge gilt das Fahrverbot in den bezeichneten Gebieten. Es wird darum gebeten, nicht unbedingt notwendige Fahrten mit dem Kraftfahrzeug zu unterlassen. Menschen mit Herz- und Atembeschwerden sowie Kleinkinder sollten einen längeren Aufenthalt im Freien vermeiden."

Ninas Mutter hat dieser Nachricht aufmerksam zugehört. Besorgt schaut sie aus dem Fenster. Die Häuser auf der anderen Straßenseite verlieren sich im Dunst. Die Luft riecht unangenehm und hinterläßt auf den Lippen einen eigenartigen Geschmack. Die Mutter wird in den nächsten Tagen ganz besonders auf Nina achten müssen. Sie leidet bei Smog oft an Atembeschwerden und Husten. Die Luft ist durch Industrie und Kraftfahrzeuge voller schädlicher Gase. Und seit Tagen kein Wind, der sie zerstreuen könnte. Ob Nina am Wochenende zu ihren Großeltern aufs Land fahren sollte?

▼ 1 *Sprecht über das Thema „Smog"! Welche Erfahrungen habt ihr?*

Mutti, mein Rücken brennt!

Sommer, Sonne, Badewetter! Das ist toll, aber auch nicht ungefährlich. Nach einem ausgiebigen Sonnenbad rötet sich die Haut, sie juckt und brennt. Ein Sonnenbrand!
Und der tut nicht nur weh. Der Name verrät es: die Sonne hat die Haut verbrannt, in wenigen Tagen wird sich die oberste Hautschicht in Fetzen ablösen. Bei häufigem Sonnenbrand können noch Jahre später daraus gefährliche Hauterkrankungen entstehen.
Ein Sonnenbrand muß nicht sein.

Klug handelt, wer seinen Körper anfangs nicht länger als 10 Minuten den direkten Sonnenstrahlen aussetzt. Wandern, Sport, Spiel und Schwimmen an frischer Luft bräunen die Haut auch, selbst im Schatten.

▼ 2 *Erzähle, wie du einen Tag am Strand verbringst!*
Wie schützt du dich gegen Sonnenbrand?
3 *Erkunde, was du bei einem Sonnenbrand tun kannst!*

Krank oder verletzt –
wie du dir und anderen
helfen kannst

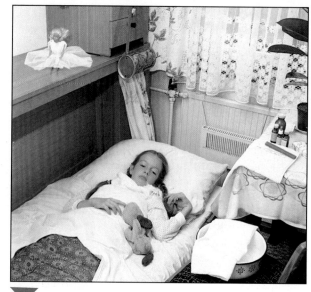

Sabine fühlt sich nicht wohl. Kopf und Glieder tun ihr weh. Die Nase läuft, Sabine hustet. Ihr Gesicht ist ganz heiß. Mutter mißt die Temperatur. Sie sagt: „Kind, das sind ja 39 Grad. Du hast Fieber. Wir brauchen einen Arzt."
Die Ärztin stellt fest, Sabine hat Grippe. Sie verordnet Bettruhe, Wadenwickel, Medikamente. Sabine liegt im Bett. Es ist langweilig. Sie möchte aufstehen und spielen. Auch die Medikamente will sie nicht nehmen, sie schmecken bitter. Was tun?

1 Stellt euch vor, ihr wäret Freunde von Sabine! Was würdet ihr Sabine raten? Worauf achtet ihr, wenn ihr sie besuchen dürft?

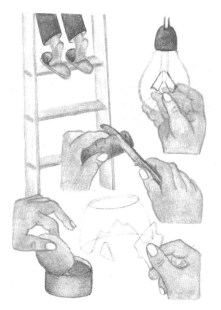

Hast du dich schon einmal verletzt? Vielleicht bist du hingefallen oder hast dich geschnitten? Die offene Wunde blutet.
Nach einiger Zeit gerinnt das Blut, damit schließt sich die Wunde. Dann heilt sie.
Verletzungen entstehen im Alltag bei den unterschiedlichsten Tätigkeiten.

2 Welche Verletzungen können bei solchen oder anderen Situationen entstehen?

Interessantes ist über das Blut zu sagen. Wie ein verzweigtes Straßennetz durchziehen Adern alle Teile deines Körpers. Durch sie fließt das Blut. Es wird vom Herzen durch den ganzen Körper gepumpt.
Das Blut transportiert unter anderem Sauerstoff und Nährstoffe dorthin, wo sie gebraucht werden. Es sorgt auch für den Abtransport der Stoffe, die ausgeschieden werden sollen. Zugleich hilft das Blut, eingedrungene Krankheitserreger zu vernichten.
Bei Verletzungen entfernt es zum Beispiel auch Schmutz oder Splitter aus dem Körper. Es bildet dann Eiter, mit dem solche Fremdkörper hinausgelangen.

So verhältst du dich richtig bei Verletzungen mit offenen Wunden!
Berühre keine Wunden! Decke sie mit Verbandmull ab!
Zeige jede Verletzung deinen Eltern oder einem anderen Erwachsenen!
Teile sofort deinen Eltern oder anderen Erwachsenen (Förster, Polizist) mit, wenn dich ein Tier gebissen oder gekratzt hat!

3 Kennst du diese Telefonnummern?

110 112

Für welchen Fall mußt du sie dir merken?
4 Beschreibe genau eine Notfallsituation!
Gestaltet gemeinsam für diese Situation ein Rollenspiel!
Spielt einen Notruf mit allen beteiligten Personen!

Karsten und seine Freunde sind mit ihren Fahrrädern unterwegs. Plötzlich wird Karstens Vorderrad durch einen Stein herumgeschleudert. Karsten fällt im hohen Bogen über den Lenker und stürzt auf die Bordsteinkante. Er kann nicht aufstehen, ist kreidebleich und blutet. Stefan überlegt. Wen zu Hilfe holen? Ein Erwachsener ist nicht in der Nähe.

▼

1   Was würdest du jetzt tun?

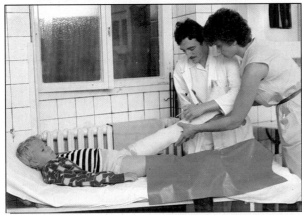

Wenig später bringt ein Krankenwagen Karsten mit Blaulicht und Sirene ins Krankenhaus.
Dort wird er untersucht und geröntgt.
Sein Bein ist gebrochen, er hat eine Gehirnerschütterung und Schürfwunden. Das Bein wird geschient und eingegipst, damit der Knochen wieder zusammenwachsen kann.

Karsten muß im Krankenhaus bleiben.
Ein Pfleger fährt ihn zur Kinderstation, Schwester Heike erklärt ihm, daß er wegen der Gehirnerschütterung ruhig liegen soll, und tröstet ihn.
Sie bringt das Essen, teilt Medikamente aus und mißt die Temperatur.
Vormittags ist Visite. Ärzte und Schwestern kommen zu jedem Kranken ans Bett. Karsten ist froh, daß Mutti oder Vati ihn täglich besuchen.

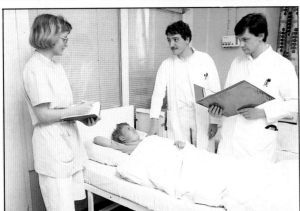

Nach einer knappen Woche wird Karsten nach Hause entlassen. Er hat keine Schmerzen mehr. Mutter geht in der ersten Zeit nicht mehr zur Arbeit, sie muß ihn betreuen. Die Freunde bringen ihm täglich die Hausaufgaben.
Nach sechs Wochen wird der Gips entfernt. Das Gehen fällt Karsten zuerst noch schwer, doch dann kann er wieder laufen und springen wie vorher. Der Arzt erlaubt ihm, zur Schule zu gehen. Die Freunde empfangen ihn freudig: „Ein Glück, daß du wieder gesund bist."

▼

2   Warst du auch schon im Krankenhaus?
Was hat dir am meisten geholfen, wieder gesund zu werden?
3   Wie hilfst du deinem kranken Freund oder deiner Freundin?

Wie ein Kind entsteht und geboren wird

Lisa hat von den Eltern erfahren, daß sie ein Geschwisterchen bekommen wird. Darüber freut sich Lisa sehr. Sie bemüht sich, ganz lieb zu Mutti zu sein und ihr zu helfen, genauso wie Vati. Einmal, als sie gemütlich beisammen sitzen, sagt Mutti plötzlich: „Jetzt hat es sich bewegt!" Lisa und Vati legen ihre Hände auf Muttis Bauch. Tatsächlich, Lisa spürt einen leichten Druck. „Das war ein Händchen oder Füßchen", sagt Mutti. „Wird es ein Schwesterchen oder ein Brüderchen?" fragt Lisa.
Vati und Mutti lächeln. „In drei Monaten werden wir es sehen."

Lisa will wissen, wie das Baby in Muttis Bauch gekommen ist. Mutti holt ein Buch und zeigt ihr eine Zeichnung. Sie erklärt:

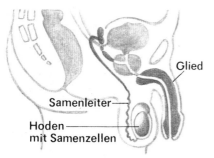

„Hier siehst du die Geschlechtsorgane von Mann und Frau. Wenn sich ein Mann und eine Frau liebhaben, vereinigen sie ihre Geschlechtsorgane. Dann kann eine Samenzelle in eine Eizelle eindringen und diese befruchten.

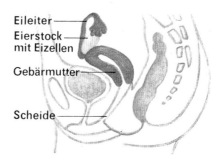

Geschlechtsorgane des Mannes

Geschlechtsorgane der Frau

Samenzellen

Vereinigung von Eizelle und Samenzelle

Eizelle

Aus der befruchteten Eizelle, die kleiner als ein Stecknadelkopf ist, entwickelt sich in neun Monaten das Kind. Warm und geschützt wächst es in der Gebärmutter heran. Durch die Nabelschnur wird das Kind vom Körper der Mutter gut versorgt."
„Und wie sieht unser Baby jetzt aus?" fragt Lisa. Mutti sagt: „Es hat Ärmchen und Beinchen mit winzigen Händen und Füßen. Es bewegt sich und strampelt. Sogar am Daumen saugt es. Morgen gehe ich wieder zum Arzt. Er kontrolliert, ob sich das Baby gesund entwickelt. Wenn es groß genug ist und außerhalb meines Körpers leben kann, wird es geboren."
„Wenn es doch schon soweit wäre!" Lisa kann es kaum erwarten.

Tobias hat heute seinen zehnten Geburtstag. Vati und Mutti wecken Tobias und gratulieren ihm. Mutti sagt: „Vor zehn Jahren, genau um diese Zeit, fuhren Vati und Mutti zusammen in die Klinik."
Vati nickt: „War ich aufgeregt!"
Tobias hört gespannt zu. Er bittet: „Erzählt, wie war das damals!"

Mutti beginnt:
„Vati durfte bei deiner Geburt bei mir bleiben. Er mußte einen weißen Kittel anziehen. Während der Wehen hielt er meine Hand. Du mußt wissen, immer wenn sich der Geburtsweg für das Kind dehnt, spürt die Mutter ein kräftiges Ziehen im Bauch. Das sind Wehen. Die Geburt ist für die Mutter sehr anstrengend, denn es dauert eine Zeit, bis das Kind den Bauch der Mutter durch die Scheide verlassen kann. Aber ich freute mich so auf dich, daß ich davor keine Angst hatte."

„Du bist mit dem Kopf zuerst auf die Welt gekommen", erzählt Vati weiter. „Du konntest schon kräftig schreien und strampeln. Zuerst durchtrennte die Hebamme die Nabelschnur." Vati tippt Tobias auf den Bauchnabel. „Dann wurdest du gebadet, gewogen und gemessen und zum Schluß gewickelt. Du warst 3 000 Gramm schwer und 50 Zentimeter groß."
Mutti drückt Tobias an sich. „Wir waren sehr froh, als wir dich in den Arm nehmen konnten. Endlich waren wir eine richtige Familie."

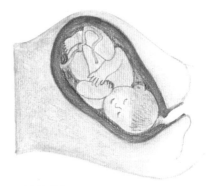

So liegen die meisten Kinder vor der Geburt im Mutterleib. Bei einer normal verlaufenden Geburt dringt zuerst der Kopf des Kindes aus der Scheide.

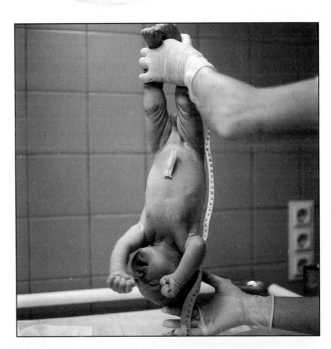

Ein Baby braucht sorgsame Pflege.

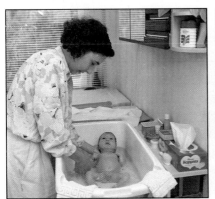
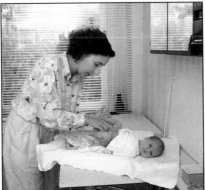
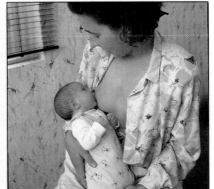

▼*Erzähle, was du über die Betreuung eines Babys in der Familie weißt!*

63

Erwachsen werden – ist das schwer?

Das sind Jens, Sandra, ihr kleiner Bruder und ihre Eltern. Bei ihnen schämt sich niemand vor den anderen. Jens und Sandra fühlen sich wohl in ihrer Familie, denn mit ihren Eltern können sie über alles reden.

Jens erzählt:

„Vati sagt, in den letzten Jahren seit der ersten Klasse habe ich mich schon sehr verändert. Und in einigen Jahren werde ich äußerlich so aussehen wie Vati.

Meine Schultern werden breiter werden. Bis zu meinem 18. Lebensjahr habe ich etwa meine spätere Körpergröße erreicht. Auch meine Stimme wird tiefer, und langsam wird ein Bart wachsen. Unter den Achseln, in der Schamgegend und später auch an anderen Körperteilen werde ich Haare bekommen. In den nächsten Jahren bilden sich in meinen Hoden Samenzellen. Aber nicht nur mein Körper, sondern auch meine Wünsche und Ziele verändern sich. Wenn ich älter bin, werde ich bestimmt auch eine Freundin haben wie Marco aus unserem Haus. Er ist in der zehnten Klasse. Die beiden mögen sich, sie umarmen und küssen sich manchmal. In meiner Klasse finde ich die Mädchen ziemlich albern. Nur Anett ist nicht übel, mit ihr kann man wenigstens reden."

Entwicklung der Körperform vom Säugling zum Mann

▼
1 *Vergleiche Körpergrößen und die Größen einzelner Körperteile!*
2 *Vergleiche auch Mann und Frau (S.64/65)!*

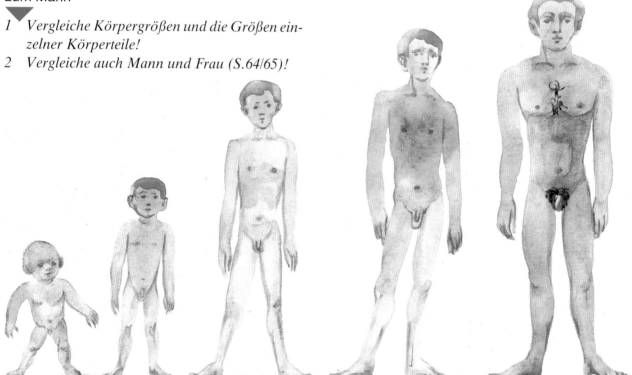

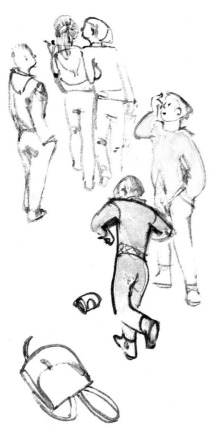

Sandra erzählt:

„Jetzt weiß ich schon gut, wie aus mir eine richtige Frau wird. Ein bißchen ist meine Brust schon gewachsen, aber Mutti sagt, daß sie noch größer wird. Manchmal schäme ich mich ein wenig deswegen, dann möchte ich am liebsten ein Junge sein.

Doch Mutti hat mich beruhigt: ‚Wenn du einmal ein Baby bekommen wirst, braucht es die Milch aus deiner Brust, damit es kräftig wird und gesund bleibt.‘

Obwohl ich erst 10 Jahre alt bin, habe ich schon die Regelblutung bekommen. Ich war zunächst sehr erschrocken, weil es plötzlich aus meiner Scheide blutete. Mutti hat mir dann alles erklärt: ‚Du mußt wissen, daß jetzt in jedem Monat in dir ein kleines Ei heranreift, aus dem ein Kind wachsen kann. Wird aber die Eizelle nicht durch eine Samenzelle befruchtet, stößt sie dein Körper zusammen mit Schleimhaut ab. Dann blutest du aus der Scheide.‘

Mit Tina aus meiner Klasse kann ich mich darüber unterhalten. Wir schimpfen manchmal auf die Jungen, weil sie uns Mädchen immer ärgern. Aber einige sind auch nett, besonders André und Karsten, mit denen wir oft von der Schule nach Hause gehen. Manchmal sind sie aber komisch, vor allem in der Schule.

Einige Mädchen in meiner Klasse geben ganz schön an. Das gefällt mir überhaupt nicht.“

1 *Jens und Sandra können mit ihren Eltern über alles sprechen. Mit wem würdest du gern über Sorgen und Nöte sprechen?*

2 *Gibt es in eurer Klasse auch Fragen zum Umgang zwischen Jungen und Mädchen? Sprecht darüber!*

Entwicklung der Körperform vom Säugling zur Frau

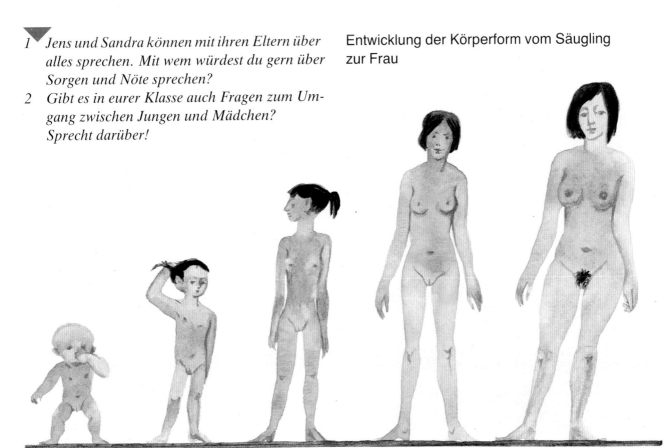

Sich wohl fühlen

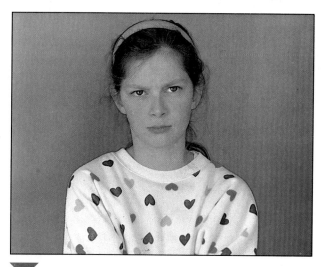

1 ▼ *Wie fühlt sich Steffi gerade, was vermutest du?*

Nicht jeden Tag fühlst du dich gleich gut. Einflüsse von außen, zum Beispiel die wärmende Frühlingssonne, ein frostiger Nordwind, abendliche Dunkelheit, aber auch lobende Worte, Schimpfen oder besondere Erlebnisse haben ihre Wirkung auf dich.
Ebenso empfindest du Durst, Hunger, Müdigkeit ...
Auf all das reagierst du.

2 ▼ *Kennst du diese und andere Empfindungen?*

Froh sein, Angst haben, müde sein, sich schuldig fühlen, ...

3 ▼ *Ergänze! Erinnere dich an Situationen, in denen du so empfunden hast! Vielleicht möchtest du davon erzählen.*

4 *Jeder hat einmal einen schlechten Tag oder „ist nicht gut drauf". Was unternimmst du, wenn es dir so geht?*

5 *Kennst du das, eine „Gänsehaut bekommen"? Schildere, wie es dazu bei dir gekommen ist! Was tust du?*

6 *Was machst du, wenn dir so etwas passiert (siehe nebenstehende Abbildung)?*
   - *die Spuren beseitigen und hoffen, daß niemand es merkt*
   - *liegenlassen und gar nichts sagen*
   - *Mutti oder Vati informieren und um Entschuldigung bitten.*
   Hast du eine andere Lösung?

Pantomime

7 ▼ *Stelle durch Bewegungen und mit deinem Gesichtsausdruck dar, was du empfinden könntest (zum Beispiel Zahnschmerzen, Angst, Freude, Müdigkeit ...)!*
Wer es errät, darf selbst vorspielen.

8 *Male Gesichter, die bestimmte Gefühle zeigen! Wer errät die Gefühle?*

1 *Brauchst du eine Freundin oder einen Freund um dich wohl zu fühlen? Sprich darüber!*

Anna und Karsten besuchen die vierte Klasse der Grundschule. Dem Karsten gefällt die Anna gut, weil sie so schönes Haar hat und meistens freundlich ist. Er würde gern mit ihr befreundet sein. Immer wieder sucht er ihre Nähe und möchte auf sich aufmerksam machen.
Dabei scheut er sich nicht, ihr mal liebevoll an den Haaren zu ziehen, ihr die Federtasche zu verstecken oder sie ein bißchen zu kneifen.
„Was sich neckt, das liebt sich", ärgert ihn Tobias, sein Freund. Auch Anna mag Karsten gut leiden, denn er ist ein toller Sportler.
Manchmal gehen sie zusammen Annas kleinen Bruder abholen, wenn er bei der Oma war. Dann reden und lachen sie über manches und verstehen sich gut.

Aber auch so etwas erleben die beiden miteinander.

2 *Erzähle, was in den Bildgeschichten passiert!*
3 *Hast du in deiner Klasse schon Ähnliches erlebt?*
4 *Spielt eure Erlebnisse nach!*

Sagt, wie ihr euch dabei gefühlt habt!
Spielt auch Lösungen für solche Situationen!
5 *Wie stellst du dir eine Freundschaft vor?*
Wie sollte eine Freundin/ein Freund sein?

Mein Schulweg

Es ist lange her, seitdem dich deine Eltern das erste Mal in die Schule begleiteten und dir den sichersten Weg zeigten. Du erinnerst dich bestimmt noch an ihre Ratschläge wie „Der kürzeste Schulweg ist nicht immer der sicherste" oder „Sei im Straßenverkehr aufmerksam".

Ob du zu Fuß oder mit dem Fahrrad zur Schule kommst, bedenke immer, daß sich die Verkehrssituation ständig ändern kann. Vor allem im Berufsverkehr morgens und am späten Nachmittag ist der Fahrzeugverkehr sehr dicht. Da heißt es besonders aufpassen, wenn du Straßen überqueren willst.

1 ▼ Zeichne den Weg, auf dem du sicher zur Schule kommst! Kennzeichne die Stellen, an denen du besonders aufmerksam sein mußt! Welche Bedeutung haben die Verkehrszeichen auf deinem Schulweg?

2 ▼ Stelle dich an eine Kreuzung und höre genau hin: Welches Fahrzeug erzeugt viel, welches weniger oder keinen Lärm? Ordne in 2 Gruppen!

3 Zähle, wieviel Autos an einer Ampelkreuzung bei Gelb und Rot noch weiterfahren! Informiere dich, wo sich in deinem Heimatort Gefahrenschwerpunkte befinden!

Täglich könnt ihr erleben, daß viele Fahrzeuge Lärm verursachen und durch Abgase die Umwelt belasten.

Jens hat eine interessante Feststellung gemacht: es hängt von jedem einzelnen Verkehrsteilnehmer ab, ob er mit seinem Fahrzeug viel oder wenig Lärm entwickelt. Wie meint Jens das?

Der Schulweg von Jens, Sabine und Martina

Auf ihrem Schulweg müssen die Kinder mehrere verkehrsreiche Straßen und Kreuzungen überqueren.
Dabei verhalten sie sich verkehrsgerecht.

▼

Erläutere das am Beispiel der Abbildungen!

Fußgänger
im Straßenverkehr

Mit dem Bus in die Schule

Jeden Morgen bringt der Schulbus einige von uns pünktlich in die Schule.
Manchmal benutzen auch Erwachsene unseren Bus. Sie sind freundlich und unterhalten sich mit uns über das Lernen in der Schule.

1 *Sagt eure Meinung zum Verhalten dieser Schüler!*
2 *In den Städten benutzen Schüler auch noch andere Verkehrsmittel, um in die Schule zu kommen. Kennt ihr diese Verkehrsmittel?*

3 *Dieser Schüler will mit dem Bus fahren. Er hat es eilig und gerät in große Gefahr. Welchen Fehler begeht er?*

Sehen – Überlegen – Gehen

Erst sehen – dann gehen. Wenn du dich als Fußgänger an diesen Grundsatz hältst, kommst du auch außerhalb von Kreuzungen sicher über die Straße.

Darum:
- bleibe immer an der Fahrbahnkante stehen und orientiere dich!
- schätze die Entfernung und die Geschwindigkeit von Fahrzeugen auf der Straße ein!
- überquere zügig die Fahrbahn, wenn sie nach links etwa 50 m und nach rechts 100 m frei ist!

Beachte: Niemals zwischen parkenden und vor haltenden Fahrzeugen die Straße betreten!

Die Fahrzeuge auf der Überholspur erkennt nur eines der beiden Kinder.

2 *Erkläre, wer hat den besseren Überblick!*

Das ging noch einmal gut

Auf der Straße ist dichter Autoverkehr. Ein Bus fährt an die Haltestelle heran. Hastig und unüberlegt betritt ein Fußgänger vor dem haltenden Bus die Fahrbahn. Bremsen quietschen. Nur mit großer Mühe kann der Fahrer sein Auto zum Halten bringen.

3 *Was kann in so einer Situation passieren?*
Was würdest du dem Fußgänger raten, damit er sich und andere nicht in Gefahr bringt?

1 *Übe das Schätzen von Entfernungen! Welche Gegenstände sind von dir 20, 50, 100, 150, 200 m entfernt? Überprüfe deine Angaben!*

Bei besonders starkem Fahrzeugverkehr benutze den nächsten sicheren Überweg.

Mit der Klasse unterwegs

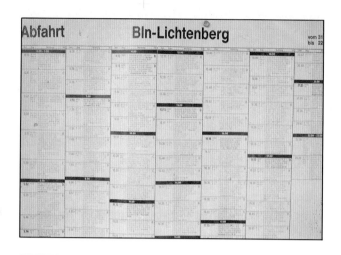

Endlich war es soweit! Seit langem freuten wir uns auf diesen Wandertag. Wir wollten einen Zoo besuchen. Dabei mußten wir verschiedene öffentliche Verkehrsmittel benutzen und auch ein Stück zu Fuß wandern. Gut vorbereitet ging unsere Klasse auf die Reise.

Im Abteil der Eisenbahn erzählten wir einem Fahrgast, daß wir die Abfahrtszeiten für den Zug selbst aus dem Fahrplan herausgesucht haben. Der Schaffner lobte uns für unser gutes Verhalten während der Fahrt.

▼
1 *Überlege, was der Schaffner mit „gutem Verhalten" meint!*
2 *Beobachte aufmerksam Reisende in öffentlichen Verkehrsmitteln!*
3 *Unterhalte dich mit deinen Mitschülern über Verhaltensweisen dieser Personen!*

Unser Fahrplan

Hinfahrt
Bus		Bahn	
ab Röbel	7.00 Uhr	ab Waren	8.00 Uhr
an Waren	7.32 Uhr	an Rostock	8.45 Uhr

Rückfahrt
Bahn		Bus	
ab Rostock	16.19 Uhr	ab Waren	18.10 Uhr
an Waren	17.26 Uhr	an Röbel	18.40 Uhr

So gehen wir außerhalb einer Ortschaft. Beschreibe es!

Im Dunkeln sind Reflektoren (Leuchtstreifen) an der Kleidung wichtig.

Eine Fahrbahn überqueren

An Kreuzungen und Einmündungen darfst du die
Fahrbahn nur innerhalb der Begrenzungslinien
überqueren. Es dient deiner eigenen Sicherheit.
In diesem Bereich solltest du stets Fußgänger-
überwege, Fußgängerbrücken und Fußgänger-
tunnel benutzen.

Die Kinder wollen spielen.

▼ 1 *Zeige ihnen einen sicheren Weg
zum Spielplatz!*

2 *Überlege dir vor einem Einkauf gut, welchen
Weg du gehen willst. Du solltest dabei deine
Wegstrecke so vorausplanen, daß du Straßen
so wenig wie möglich überqueren mußt.*

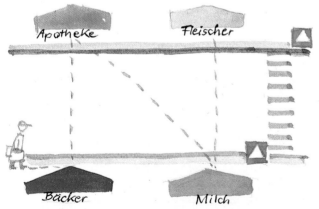

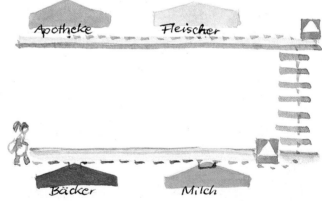

▼ 3 *Die beiden Kinder gehen einkaufen. Wer von
ihnen ist vorsichtig und handelt überlegt?
Warum?
Kinder bewegen sich beim Gehen mit einer Geschwindigkeit von etwa 1 m in der Sekunde.*

▼ 4 *Berechne für jedes Kind die Zeit, die es für das
Überqueren der 8 m breiten Fahrbahn braucht!
Wer ist den Gefahren der Fahrbahn am läng-
sten ausgesetzt? Denke dabei an die Aussage
über den sicheren Weg!*

Mein Fahrrad

Ein Zweirad
erobert die Welt

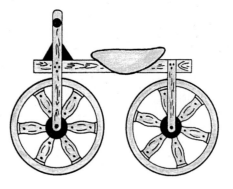

Schnellaufmaschine um 1800

Im Laufe der Zeit wurde das
Fahrrad zu einem Verkehrsmittel weiterentwickelt, das heute
aus dem Straßenbild nicht meh
wegzudenken ist.

Das Fahrrad ist für Millionen
Menschen ein unentbehrlicher
Gebrauchsgegenstand. In
manchen Ländern, zum Bei-
spiel in China und Vietnam, ist
es das Hauptverkehrsmittel.

Tretkurbelfahrrad um 1850

Bei uns gewinnt das Fahrrad
für den Urlaub, die Freizeit-
gestaltung der Familie und für
sportliche Zwecke immer mehr
an Bedeutung.

1 *Erinnere dich an einen
Wochenendausflug mit dem
Fahrrad. Erzähle von deinen
Erlebnissen!
Vergleiche eine Fahrradtour
mit einer Autofahrt ins
Grüne! Was ist anders?
Was gefällt dir? Warum?
Denke dabei auch an die
Umwelt!*

Niederrad um 1890

2 *Benenne die einzelnen Fahrräder und erläutere ihre Besonderheiten!*

Sicherheit ist oberstes Gebot

Wenn alle Teile deines Fahrrads zuverlässig und ohne Störungen funktionieren, darfst du damit auf einer öffentlichen Straße fahren. Das Fahrrad ist dann verkehrssicher.

1 ▼ *Welche Teile deines Fahrrads sind für die Verkehrssicherheit unbedingt nötig?*

2 *Was mußt du beachten, wenn du mit einem BMX-Rad oder einem Rennrad am öffentlichen Straßenverkehr teilnehmen willst?*

Merke dir:
Als Radfahrer bist du verpflichtet, alle wichtigen Teile deines Fahrrads regelmäßig zu kontrollieren, damit die Verkehrs- und Betriebssicherheit stets gewährleistet ist.

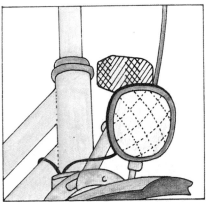

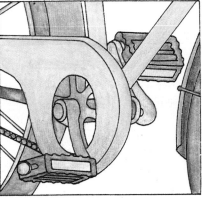

Ein Fahrrad muß auch betriebssicher sein.

3 ▼ *Überprüfe darum regelmäßig das Fahrgestell, die Räder mit der Bereifung und die Kette!*
Worauf mußt du dabei besonders achten?

4 *Fahrradmonteure der 3b in Aktion!*
Sie können schon einige Mängel selbst beseitigen, zum Beispiel:
Kette springt über oder fällt ab, Rücklicht brennt nicht, Vorderbremse greift nicht, Lampe gibt zu wenig Licht. Versucht es auch einmal!

5 *Erläutere die Bedeutung dieses Fahrrad-Zubehörs für deine Sicherheit!*

Technik muß gepflegt werden

Ein gut gepflegtes Fahrrad hält länger, aber Pflegen ist mehr als Putzen.

1 *Überprüfe deine Werkzeug-tasche am Fahrrad! Wozu benötigst du die einzelnen Werkzeuge?*
2 *Suche alle Schmierstellen an deinem Fahrrad. Welche Schmiermittel benutzt du?*
3 *Erläutere, wie du diese wichtigen Teile an deinem Fahrrad pflegst!*

Uwe ölt sein Fahrrad. Sein Freund Bernd ermahnt ihn, ganz vorsichtig zu sein. Er weiß, daß das Öl dem Grundwasser schaden kann. Uwe aber meint: „Ach, die paar Öltropfen.“

4 *Äußere dich zu Uwes Meinung! Schau dich einmal selbst auf einem Parkplatz um!*
5 *Sieh dir Straßenbäume genau an, unter denen oft Kraftfahrzeuge parken! Worin können Ursachen für Schäden an diesen Bäumen liegen?*

Ein interessanter Versuch

Du benötigst dazu:
3 Plastikbecher
9 lange Nägel
Sandpapier
Fahrradöl
Nagellack
Wasser
Salz

Salzwasser   klares Wasser

Nagel 1 wird mit Sandpapier blankgerieben.
Nagel 2 wird mit Fahrradöl eingefettet.
Nagel 3 wird mit Nagellack bestrichen.
Diese Nägel lege in je einen der vorbereiteten Becher.

Betrachte die Nägel nach einem Tag und nach einer Woche!
Wann rostet ein Eisennagel besonders schnell?
Was sagt dir das Ergebnis des Versuchs für die Pflege deines Fahrrads?

Die Beleuchtungsanlage am Fahrrad

Zu einem verkehrssicheren Fahrrad gehört eine funktionierende Beleuchtungsanlage.

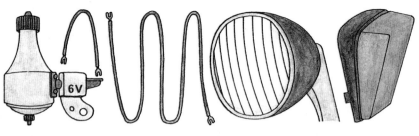

Du weißt schon, wie ein einfacher Stromkreis aufgebaut ist:

Wird der Schalter geschlossen, fließt in der Hin- und Rückleitung ein elektrischer Strom, und die Glühlampe leuchtet. Bei einem Fahrrad kann auf eine Leitung verzichtet werden, wenn der Rahmen aus Metall ist und somit den Strom leitet.

Manche Fahrräder sind mit einer Batterie als Spannungsquelle ausgerüstet. Batterien verbrauchen sich schnell und müssen ausgewechselt werden. Wohin damit?

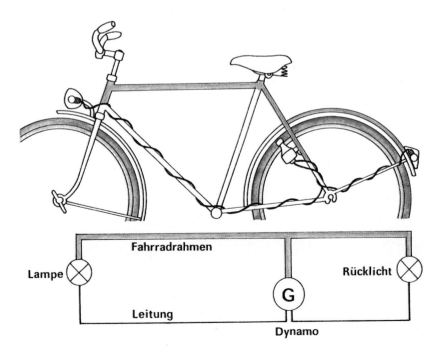

1 ▼ Benenne die einzelnen Teile der Fahrradbeleuchtung und erläutere ihre Aufgabe!

2 ▼ Stelle für diesen Stromkreis einen Schaltplan auf und benutze dabei folgende Schaltzeichen:

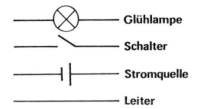

3 ▼ Erkundige dich und laß dir auch erklären, wo man alte Batterien abgeben kann!

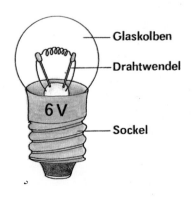

4 ▼ Die Lampe an deinem Fahrrad leuchtet nicht. Woran kann das liegen?

Lenkbare Fahrzeuge im Straßenverkehr

Im Straßenverkehr bewegen sich Fahrzeuge, die lenkbar sind, und solche, die auf Schienen fahren. Mit einem Fahrrad oder dem Auto können wir die Fahrtrichtung selbst bestimmen. Die dazu notwendige Lenkvorrichtung muß stets zuverlässig funktionieren.

Wir bauen Modelle von lenkbaren Fahrzeugen
Der Roller, aber auch das Fahrrad sind einspurige Fahrzeuge. Du kannst den Roller als Modell einmal nachbauen. Bevor du mit der Montage der Bauteile beginnst, überlege gut, welche Baugruppen du benötigst.

1 Wie werden die Fahrzeugführer mit ihren verschiedenen Fahrzeugen bei der Begegnung mit dem Hindernis reagieren?

2 Wie kannst du die Funktionssicherheit der Lenkung an deinem Fahrrad überprüfen?

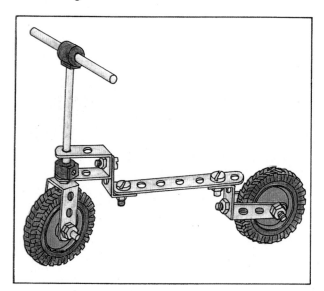

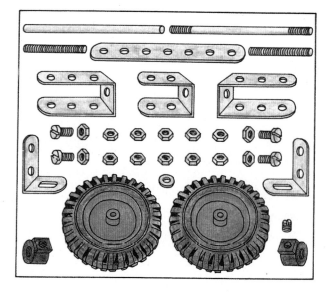

Radfahren macht Spaß ...

Als Radfahrer bist du Verkehrsteilnehmer.

1 ▼ *Erzähle, wie dich deine Eltern auf das Radfah-
   ren im Straßenverkehr vorbereitet haben!*

2 *Überlege, was in deinem Wohngebiet verän-
   dert werden könnte, um Radfahrern mehr
   Sicherheit zu bieten!
   Skizziere deine Ideen!*

... und ist gesund

3 ▼ *Äußere dich zu den Verhaltensweisen dieser
   Kinder!
   Was könnte hier passieren?*

4 *In Deutschland werden immer mehr Fahrräder
   gekauft. Gib Gründe dafür an!*

Merke dir:

**Je geringer deine Erfahrungen sind,
desto vorsichtiger mußt du dich im
Straßenverkehr verhalten!**

Abbiegen ist mehr als Kurvenfahren

Beim Abbiegen nach rechts oder links mußt du besonders aufmerksam und konzentriert fahren. Dabei ist es notwendig, das gesamte Verkehrsgeschehen zu beobachten: Die Fahrzeuge vor dir, neben dir, aber auch hinter dir.
Nur wer mit einer Hand geschickt fahren kann, darf sich mit dem Fahrrad auf einer belebten Straße bewegen.

> **Wenn Radwege vorhanden sind, müssen sie benutzt werden.**

Rechtsabbiegen

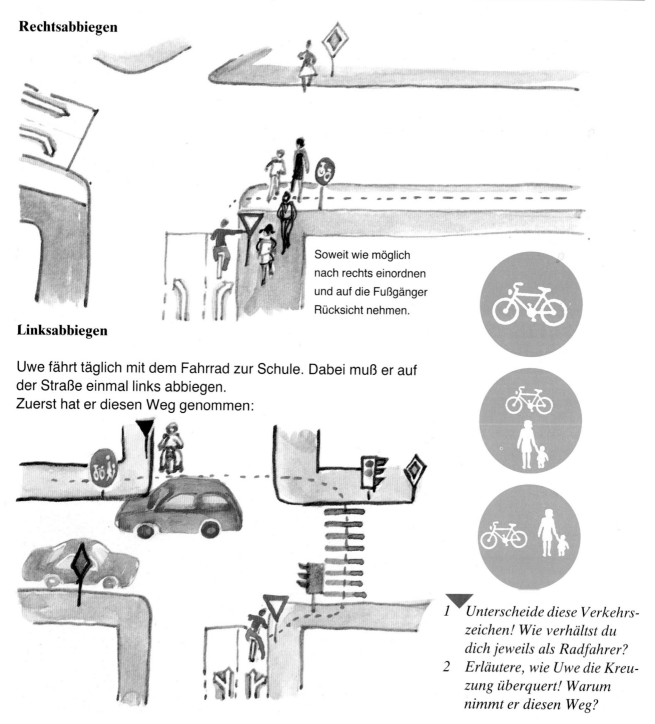

Soweit wie möglich nach rechts einordnen und auf die Fußgänger Rücksicht nehmen.

Linksabbiegen

Uwe fährt täglich mit dem Fahrrad zur Schule. Dabei muß er auf der Straße einmal links abbiegen.
Zuerst hat er diesen Weg genommen:

1 *Unterscheide diese Verkehrszeichen! Wie verhältst du dich jeweils als Radfahrer?*
2 *Erläutere, wie Uwe die Kreuzung überquert! Warum nimmt er diesen Weg?*

Später beobachtete er an einer anderen Kreuzung, wie Autos dort abbiegen. Nun übt Uwe das Linksabbiegen auf diese Weise.

3 *Erkläre mit Hilfe der Abbildung das Linksabbiegen!*

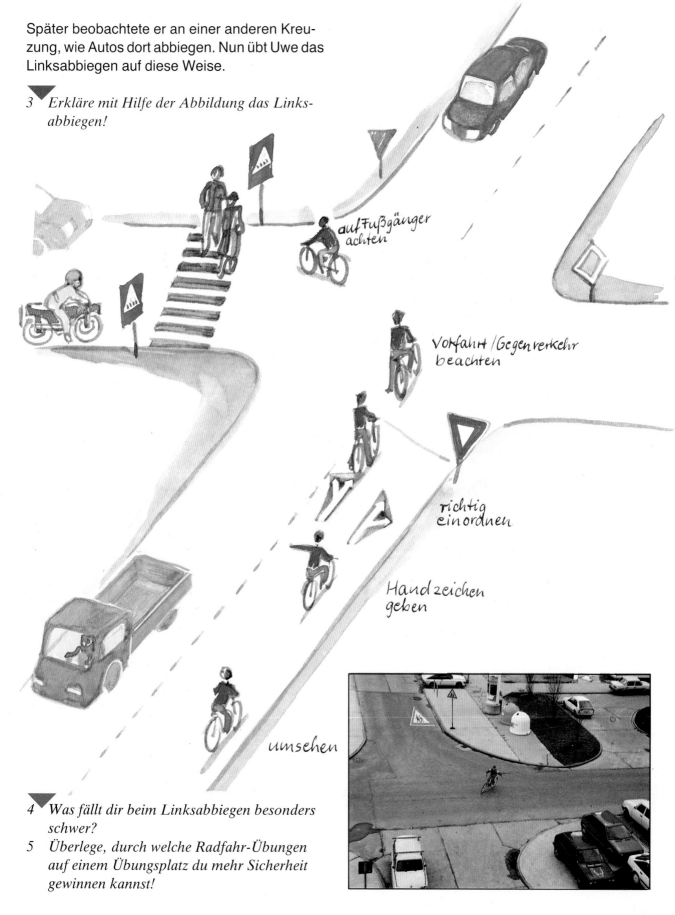

auf Fußgänger achten

Vorfahrt / Gegenverkehr beachten

richtig einordnen

Hand zeichen geben

umsehen

4 *Was fällt dir beim Linksabbiegen besonders schwer?*
5 *Überlege, durch welche Radfahr-Übungen auf einem Übungsplatz du mehr Sicherheit gewinnen kannst!*

Wer hat Vorfahrt?

An Kreuzungen und Einmündungen müssen die Verkehrsteilnehmer besonders vorsichtig und aufmerksam sein. Damit es hier nicht zu Unfällen kommt, haben alle Fahrzeugführer bestimmte Regeln zu beachten.
Es gibt eine Straßenverkehrsordnung, in der diese Regeln aufgeschrieben sind.
Hier kannst du auch nachlesen, wem Vorfahrt zu gewähren ist und wer warten muß.

Ist die Vorfahrt nicht durch Zeichen geregelt, dann gilt:
An Kreuzungen und Einmündungen hat Vorfahrt, wer von rechts kommt.

Merke dir:
Es gibt kein Vorfahrtsrecht, jedoch eine Wartepflicht.

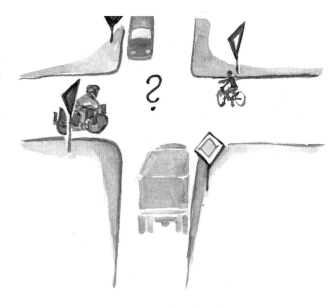

Siehst du an einer Straße diese Zeichen, dann beachte:
Hier endet deine Vorfahrt; du bist wartepflichtig.
Jetzt gilt:
Vorfahrt hat der Benutzer der Vorfahrtstraße.

1 ▾ *Beschreibe die Verkehrssituation aus deiner Sicht als Radfahrer!*
Wann darfst du fahren?

Wichtig: Kommst du aus Wald- und Feldwegen an eine feste Straße, bist du grundsätzlich wartepflichtig.

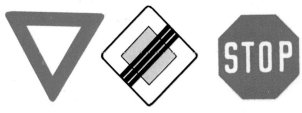

2 ▾ *Beobachte an Kreuzungen und Einmündungen, wie sich Kraftfahrer bei diesen Zeichen verhalten!*

Du fährst auf der Vorfahrtstraße:
Hier müssen dir andere Verkehrsteilnehmer Vorfahrt gewähren, sei aber trotzdem aufmerksam.

Gegenverkehr vor Linksabbieger

Willst du auf einer Kreuzung nach links abbiegen, dann mußt du wissen:

Wer nach links abbiegen will, hat auf derselben Straße entgegenkommenden Fahrzeugen die Vorfahrt zu gewähren.

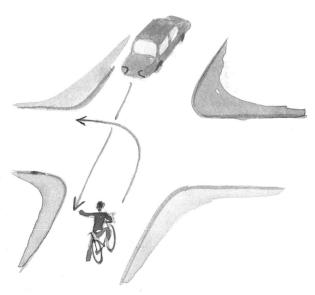

Erläutere die unterschiedlichen Vorfahrtsituationen!
Wann darfst du als Radfahrer die Kreuzung befahren?

Mit dem Rad auf großer Fahrt

Die erste Klassenwanderung mit dem Fahrrad wurde von uns sehr gewissenhaft vorbereitet. Viele Fragen gab es zu klären.

> o Welcher Weg ist der sicherste? (Fahrtroute)
> o Zu welcher Zeit fahren wir?
> o Sind unsere Räder verkehrssicher?
> o Wer fährt an der Spitze, wer am Ende?
> o Mit welchen Handzeichen verständigen wir uns?
> o Wie helfen wir uns bei einer Radpanne?
> o Welches Gepäck nehmen wir mit?
> o Wer trägt das Verbandsmaterial für die Erste Hilfe?

Gemeinsam überlegten wir, was außerdem noch zu beachten ist:

– einzeln hintereinander fahren
– Radwege benutzen
– nicht freihändig fahren; die Füße nicht von den Pedalen nehmen
– Gepäck sicher befestigen

Zur Rast bogen wir in einen Feldweg ein und ruhten uns an einem kleinen See aus. Unterwegs hörten wir die verschiedensten Vogelstimmen, sahen einen Hasen über das Feld hoppeln und entdeckten vieles mehr. Bei einem Ausflug mit dem Bus hätten wir die Natur sicher nicht so nah erleben können.

▼

Äußert euch zum Verhalten der Kinder während der Radwanderung!

Verständigung ohne Worte

Jeder Verkehrsteilnehmer muß die Regeln für das Verhalten im Straßenverkehr kennen, damit niemand gefährdet wird oder gar zu Schaden kommt.

Zum verkehrsgerechten Verhalten gehört es aber auch, daß in besonderen Situationen Lichtsignale, Hupsignale oder andere Zeichen gegeben werden, um Verkehrsteilnehmer zu warnen oder über bestimmte Absichten zu informieren.

1 *Welche Absicht der Verkehrsteilnehmer kannst du erkennen?*

2 *Wie verhältst du dich als Radfahrer bei diesen Signalen?*

3 *Was verstehst du unter gegenseitiger Rücksichtnahme im Straßenverkehr?*

4 *Nenne Beispiele dafür, daß Ablenkung oder Unaufmerksamkeit auf dem Fahrrad schlimme Folgen haben kann!*

Besondere Signale im Straßenverkehr

Ihr alle habt schon einmal Fahrzeuge gesehen, die mit einem blauen Blinklicht ausgerüstet sind. Zusätzlich verfügen sie über ein laut tönendes Einsatzhorn.

Diese Fahrzeuge dürfen Sondersignale führen, weil bei ihrem Einsatz Menschenleben gerettet oder schwere Gefahren abgewendet werden können. Immer ist dabei höchste Eile geboten. Darum haben alle übrigen Verkehrsteilnehmer sofort freie Bahn zu schaffen.

1 ▼ *Wie verhältst du dich als Radfahrer, wenn du plötzlich Sondersignale wahrnimmst?*

Fahrzeuge mit Sondersignalen im Einsatz

Im Straßenverkehr sieht man auch gelbes Blinklicht. Es warnt vor Gefahrenstellen: meist Arbeitsstellen auf der Fahrbahn oder Staus durch Verkehrsunfälle.
Manchmal kannst du auch Fahrzeuge mit einer gelben Rundumleuchte sehen.

2 ▼ *Berichte von einer Situation im Straßenverkehr, bei der gelbes Blinklicht zum Warnen verwendet wurde!*

Ein Unfall – weißt du, wie du helfen kannst?

Auf Wanderungen zu Fuß oder mit dem Fahrrad, aber auch beim Spielen und bei der Hausarbeit – überall kann es zu Unfällen kommen. Was ist dann zu tun? ▼

Nenne die richtige Reihenfolge für die Erste Hilfe beim offenen Knochenbruch!
(Gliedmaßen ruhigstellen – Arzt aufsuchen – Wunde keimfrei abdecken)

Schüler lernen, wie Verletzten sachkundig geholfen werden kann.

Schürfwunden und kleine Platzwunden sollten keimfrei abgedeckt werden.

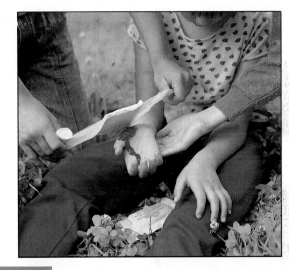

Stark blutende Wunden müssen mit einem Druckverband behandelt werden.

87

Pläne und Karten helfen uns bei der Orientierung

Peter ist neu in der Klasse 3b. Er kennt sich in der Stadt noch nicht so gut aus.
Nach der Schule wollen sich einige Kinder am Eingang des Schloßparks treffen. Peter kann erst später dazu kommen. Antje will ihm helfen und beschreibt ihm den Weg.

„Von der Bahnhofstraße aus läufst du die Berliner Straße bis zur Post. Dann nach links, am Kino vorbei bis zum Kirchplatz. Von dort mußt du die Mühlstraße entlang, über die Brücke am Park bis zum Fontaneplatz laufen. Wenn du nach rechts schaust, liegt der Haupteingang vor dir."

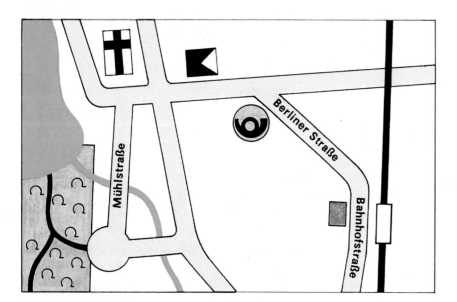

Einiges aus der Beschreibung hatte Peter vergessen. Unterwegs mußte er mehrere Leute nach dem Weg fragen. Eine Zeichnung wäre für Peter hilfreicher gewesen.

Überlege, welche Hilfsmittel Peter noch zur Orientierung nutzen könnte!

1   *Betrachte die Abbildung! Welche Hilfsmittel benutzen die Kinder, um sich zu orientieren?*

2   *Welche weiteren Hilfsmittel kennst du? Nenne sie!*

Wir erkunden unser Schulgrundstück

Die Kinder einer 3. Klasse wollen das Schulgelände als Modell und als Plan darstellen.

Folgende Fragen sind zu beantworten:
Welche Gebäude und Nutzflächen gehören zum Schulgrundstück?
Wo verlaufen Wege, wo bestehen Grünanlagen?
An welchen Stellen wachsen Bäume oder Baumgruppen?
Die Kinder ermitteln die Größe und Lage einzelner Gebäude. Dann können verkleinerte und vereinfachte Modelle vom Schulgebäude, von der Turnhalle und anderen vorhandenen Gebäuden angefertigt werden.

 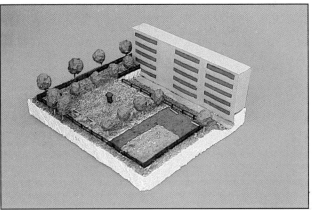

Um die Lage zu bestimmen, braucht man feststehende Anhaltspunkte. Das sind die Himmelsrichtungen.

Die Haupthimmelsrichtungen heißen:

Norden N
Süden S
Osten O
Westen W

Die Nebenhimmelsrichtungen heißen:

Nordosten NO
Nordwesten NW
Südosten SO
Südwesten SW

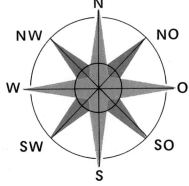

In einer Windrose kann man diese Himmelsrichtungen ablesen. Es gibt Berufe, bei denen das Orientieren nach Himmelsrichtungen ganz wichtig ist.

▼

Überlege und nenne einige Beispiele!

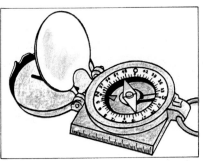

Himmelsrichtungen werden mit dem Kompaß bestimmt. Hast du es schon einmal versucht?
Gehe so vor:
Drehe den Stellring mit der Windrose so weit, daß das N auf der Windrose und das Dreieck auf dem Gehäuseboden übereinstimmen. Drehe dann den Kompaß so lange, bis die gefärbte Spitze der Magnetnadel auf das N zeigt.
Lies nun die Himmelsrichtung von der Windrose ab.

Vom Modell zum Plan des Schulgrundstücks

Endlich sind die selbstgebastelten Modelle fertig. Nun überlegen die Kinder, wie sie die einzelnen Gebäude, Bäume und Flächen auf ein Blatt Papier zeichnen können. Alle Gebäude und Objekte soll man dort wiedererkennen.

Eine Schülergruppe setzt die Modelle so auf ein Blatt Papier, wie sie in der Wirklichkeit zueinander liegen. Auf einem Plan aber ist alles flach (eben) dargestellt.
Wie löst man das Problem?

Schulgrundstück im Modell

Peter hat eine Idee:
Die Modelle werden auf dem Papier mit einem Bleistift umfahren. Nimmt man die Modelle vom Papier ab, so sind die Grundflächen (die Grundrisse) der Objekte zu sehen.

1 Welche Möglichkeiten findet ihr, um das Problem zu lösen?

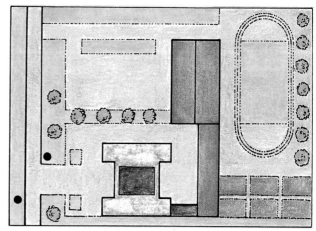

Schulgrundstück Draufsicht

Damit man den Grundriß im Plan wiedererkennt, verwendet man verschiedene Farben und bestimmte Zeichen.

Eine Legende oder Zeichenerklärung sagt aus, was die Zeichen und Farben bedeuten.

Jeder Plan, jede Karte hat eine eigene Legende.

2 Zeige auf dem Plan des Schulgrundstücks das Schulgebäude, die Turnhalle, die Straße und den Sportplatz!

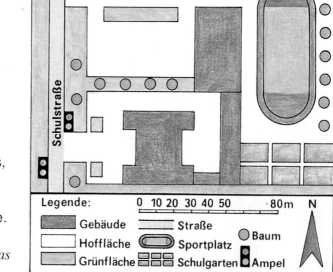

Legende: 0 10 20 30 40 50 80m N

Gebäude — Straße ● Baum
Hoffläche ◯ Sportplatz
Grünfläche ▦ Schulgarten ▮ Ampel

Der Plan des Schulgrundstücks

Der Plan eines Ortes – der Ortsplan

Der Plan des Ortes zeigt ein größeres Gebiet als der Plan des Schulgrundstücks.

▼

Betrachte die Pläne auf den Seiten 90 und 91! Sage deinem Partner, was du alles erkennen kannst! Nutze dazu auch die Legende!

Legende:

	Straße
	Weg
	Fluß mit Brücke
	Gebäude
	Park
	Kirche m. Friedhof
	Post
	Arztpraxis
	Kino
	Hotel
	Gaststätte
	Denkmal

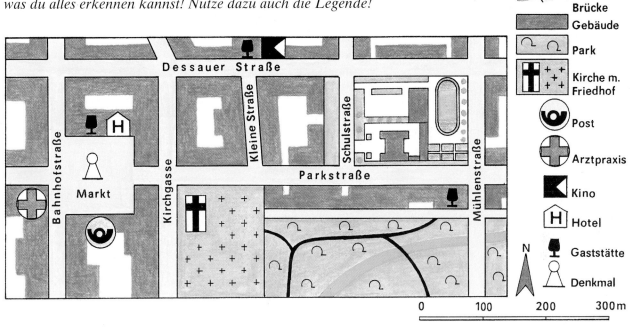

Um sich in einem fremden Ort zurechtzufinden, müssen die Himmelsrichtungen auf dem Plan mit der Wirklichkeit übereinstimmen. Man sagt: Der Plan muß eingenordet sein (von „Norden"). Das kannst du mit Hilfe des Kompasses selbst tun.

Öffne den Kompaß. Achte darauf, daß das kleine Dreieck im Kompaßgehäuse mit dem N auf dem Stellring übereinstimmt.

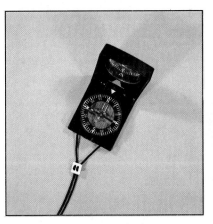

Lege den Ortsplan auf eine ebene Fläche. Lege dann die gerade Anlegekante des Kompasses an den linken Rand des Ortsplanes.

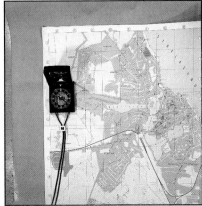

Drehe nun den Ortsplan mit dem aufliegenden Kompaß so lange, bis die Nordspitze der Magnetnadel mit dem N auf dem Stellring übereinstimmt.

Wie ich eine Karte „lese"

Karten, Pläne – es gibt soviel verschiedene.
Du hast den Plan eines Schulgrundstücks kennengelernt.
Du kennst den Plan deines Ortes.
Von fast jeder Stadt gibt es einen Stadtplan.
Auch Wandergebiete sind auf Karten abgebildet.
Versuche, die Aufzählung fortzusetzen.
Kannst du aber die Karten lesen?

▼

Überprüfe einmal dein Wissen!
Nutze dazu die hier abgebildete Karte!

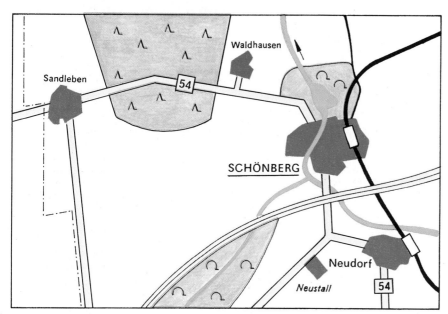

1. Bestimme, in welcher Richtung Neudorf von Schönberg aus liegt!
   Bestimme die Richtung des Ortes Waldhausen von Schönberg aus!

2. Bestimme die Entfernung von Schönberg nach Neudorf!
   Gehe so vor:
   – Lege einen Papierstreifen so auf den Kartenausschnitt, daß seine Kante beide Orte verbindet.
   – Kennzeichne auf dem Streifen jeweils die Ortsmitte durch einen Strich.
   – Lege dann den Papierstreifen an die Meßleiste und lies die Entfernung ab.

3. Bestimme die Lage von Neudorf genauer!
   Antworte so:
   – Neudorf liegt im ... von Schönberg in einer Entfernung von ... km.

4. Gib weitere Merkmale der Lage von Neudorf an!
   Beachte dabei die Bahnlinie, den Flußlauf, die Autobahn und die Bundesstraße!

5. Bestimme mit Hilfe der Legende die Art der Siedlungen. Ordne sie nach ihren Einwohnerzahlen!

Wie Höhen auf Karten dargestellt werden

Eine Karte sagt dir nicht nur etwas über die Lage der Nachbarorte und ihre Entfernungen. Du kannst auf ihr den Verlauf von Bächen, Flüssen und wichtigen Verkehrswegen verfolgen. Sie zeigt dir aber auch, wie hoch ein Gebiet über dem Meeresspiegel liegt. In vielen Karten sind deshalb Höhenangaben, Höhenlinien und Höhenschichten eingezeichnet. Sie helfen dir, das Aussehen eines Gebietes zu erkennen und zu beschreiben.

Höhen werden durch eine Zahl angegeben und beziehen sich immer auf den Meeresspiegel (gleich ... m).

So bedeutet die Zahl 183 an einem schwarzen Punkt auf der Karte, daß dieser Punkt 183 m über dem Meeresspiegel liegt.

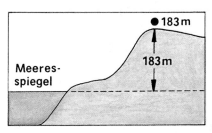

Eine Höhenschichtenkarte kannst du selbst entwickeln.

1. Modelliere aus Knetmasse oder Ton ein Bergmodell mit unterschiedlichen Hängen und stelle es in eine Glaswanne.

2. Fülle die Wanne mit Wasser. Durch den gleichmäßigen Wasserstand kannst du am Modell die entstehende Uferlinie markieren.

3. Erhöhe den Wasserstand in der Wanne um das Doppelte, Dreifache ... und markiere die jeweiligen neuen Uferlinien.

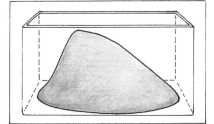

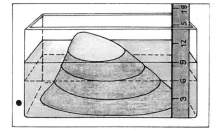

4. Nimm den Modellberg aus der Glaswanne heraus. Zerteile ihn mit einem Messer oder Draht an den eingeritzten Uferlinien.

5. Lege die einzelnen Höhenschichten so nacheinander auf einen Karton. Zeichne die Umrisse nach. Es entsteht eine Höhenlinienkarte.

6. Gestalte die Fläche farbig. Verwende grünliche, gelbliche und bräunliche Farbtöne. Es entsteht eine Höhenschichtenkarte.

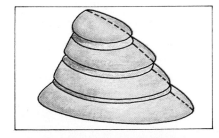

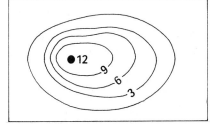

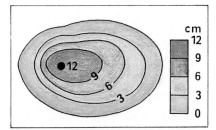

Die einzelnen Höhenschichten   Die Höhenlinienkarte   Die Höhenschichtenkarte

Die so entstandene Höhenschichtenkarte ähnelt einer Höhendarstellung auf einer gedruckten Karte. Welche Farbe nun welche Höhenschicht kennzeichnet, kannst du aus der farbigen Höhenschichtenlegende ablesen.

Die Oberflächengestalt eines Gebietes

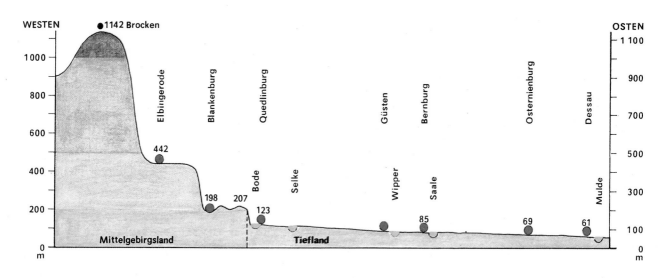

Diese Abbildung zeigt dir einen Schnitt durch die Oberflächengestalt vom Harz bis zur Stadt Dessau. Er verläuft vom Westen nach Osten. Betrachtest du diesen Schnitt genauer, so erkennst du, daß einzelne Orte und Gebiete eine unterschiedliche Höhenlage über dem Meeresspiegel haben.

Alle Gebiete, die nicht höher als 200 m über dem Meeresspiegel liegen, bezeichnet man als Tiefland.
Alle Gebiete, die zwischen 200 m und 1 500 m über dem Meeresspiegel liegen, bezeichnet man als Mittelgebirgsland.
In manchen Bundesländern kommen sowohl Tiefland als auch Mittelgebirge vor.

1   Beschreibe beide Bilder!

2   Betrachte auf einer Karte dein Bundesland! Welche Oberflächengestalt zeigt es?

3   Überlege, ob dein Heimatort im Tiefland oder im Mittelgebirgsland liegt!

Blick ins Tiefland

Blick ins Mittelgebirgsland

94

Oberflächenformen im Tiefland und im Mittelgebirge

Betrachtest du die Erdoberfläche in deinem Heimatkreis, so stellst du fest: Die Oberfläche ist sehr unterschiedlich ausgebildet. Wir unterscheiden verschiedene Oberflächenformen. So gibt es zum Beispiel die Ebene, den Hügel oder den Berg und das Tal.

Im Tiefland

Die Ebene ist eine weite, flache Landschaft.
Auf der Karte hat das Gebiet eine einheitliche Höhenschichtenfarbe.

Der Hügel hebt sich nur wenig über seine Umgebung hinaus. Sein Hang ist flach.
Den Hügel erkennen wir auf der Karte an sehr wenigen Höhenschichten.

Das Tal im Tiefland ist flach. Der Fluß hat sich nur wenig in das Land eingeschnitten. Auf der Karte verläuft oft neben dem Flußlauf eine Höhenlinie.

Im Mittelgebirge

Der Berg ragt hoch aus seiner Umgebung heraus. Die Berghänge sind steil.
Auf der Karte erkennen wir einen Berg an mehreren Höhenschichten.

Im Vogtland treten flachwellige Hochflächen auf.
Wir erkennen sie auf der Karte an den fast einheitlichen braunen Farbtönen.

Das Tal im Mittelgebirge ist tief eingeschnitten. Die Hänge sind meist steil.
Auf der Karte verlaufen dicht nebeneinander mehrere Höhenlinien.

1 *Überlege, welche Oberflächenformen in der Umgebung deines Heimatortes auftreten!*

2 *Nenne Namen von Ebenen, Hügeln oder Bergen und Tälern aus deinem Heimatkreis! Lege eine Tabelle an!*

Der Harz – ein Mittelgebirge

Der Harz grenzt sich von seinem Umland deutlich ab. Steil ragt er aus seiner Umgebung hervor. Weite Teile des Gebirges sind flachwellige Hochflächen. Darüber erheben sich abgerundete Berge wie der Brocken, der Ramberg oder der große Auerberg.
In die Hochflächen haben sich die Flüsse tief eingeschnitten. Am bekanntesten ist die Bode. Eine Wanderung im Bodetal kann ein sehr schönes Erlebnis sein.

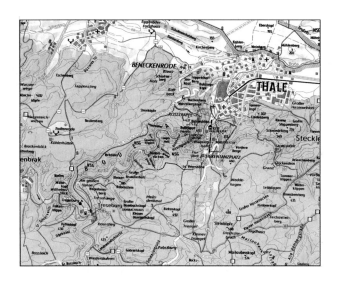

Die größten Höhen erreicht der Harz in seinem westlichen Teil. Dieser Teil wird deshalb der Oberharz genannt.
Östlich davon erstrecken sich der niedrige Unterharz und das Mansfelder Bergland.

1 Welche Flüsse fließen noch im Harz?
Was hast du schon über die Bode erfahren?

2 Welche Sagen und Erzählungen kennst du von der „Roßtrappe" oder dem „Hexentanzplatz"?

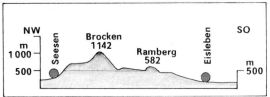

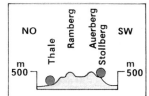

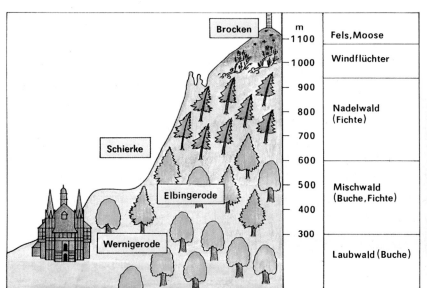

Diese Abbildung soll dir zeigen, wie sich die Pflanzenwelt in einem Mittelgebirge verändern kann.

Blick vom Hexentanzplatz

Der Spreewald – eine Landschaft im Tiefland

Der Spreewald ist eine Landschaft südöstlich von Berlin. Seit Jahrzehnten ist er ein beliebtes Ausflugsziel. In einer 30 km langen Talsenke spalten sich die Flüsse Spree und Malxe in viele Arme, sogenannte Fließe, auf. Die Fließe verbinden Bauernhöfe, Felder, Wald und Wiese. Früher wurden auf den Fließen in flachen Kähnen Nahrungsmittel, landwirtschaftliche Geräte und die Post transportiert und manchmal sogar das Vieh auf die Weide gebracht. Noch heute findet ein Teil des Verkehrs auf Wasserwegen statt. Im Spreewald wird viel Gemüse angebaut. Vor allem Gurken, Meerrettich, Kürbis und Zwiebeln.

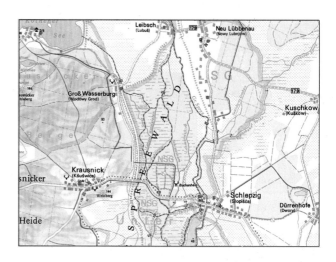

Spreewald – das ist aber nicht nur die schöne Natur, das ist auch das Industriegebiet um Lübbenau und Vetschau. Riesige Schornsteine ragen in die Luft.

Der Spreewald ist auch ein Landschaftsschutzgebiet. Dort leben seltene Pflanzen und Tiere, zum Beispiel die Sommerknotenblume. Viele Spreewälder nennen sie auch großes Schneeglöckchen.

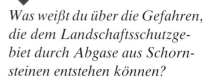

Was weißt du über die Gefahren, die dem Landschaftsschutzgebiet durch Abgase aus Schornsteinen entstehen können?

Eine Fahrt mit dem Schiff auf der Elbe

Wenn du den Verlauf der Elbe zwischen Dresden
und Hamburg auf der Karte verfolgst, siehst du
viele verschiedene Landschaften.
Willst du mehr über diese Landschaften erfahren,
lies in Naturbüchern oder Reiseführern nach.

▼
1 *Welche Bundesländer durchfließt die Elbe?*
 Nenne einige große Städte!
2 *Kannst du diese berühmten Namen den jeweili-*
 gen Städten richtig zuordnen?

Georg P. Telemann	Meißen
Otto von Guericke	Dresden
August der Starke	Wittenberg
Johann F. Böttger	Magdeburg
Martin Luther	Hamburg

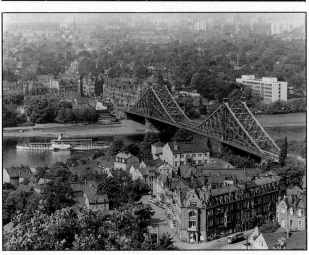

▼
3 *Verfolge den Verlauf der Elbe auf der Karte*
 genauer! Sage, in welche Himmelsrichtung
 fließt die Elbe
 – von Dresden bis Magdeburg
 – von Magdeburg bis Wittenberge
 – von Wittenberge bis Hamburg?
4 *Erkunde, was auf der Elbe mit Lastkähnen*
 transportiert wird!

Ein Betrieb verändert die Landschaft

Die Umgebung vieler Orte verändert sich ständig. Heizkraftwerke, Gewerbeflächen, Betriebe, neue Straßen und anderes entstehen.
Eine 4. Klasse will erkunden, wie sich solche Veränderungen auf die Landschaft und die Menschen auswirken.

Was interessiert uns?
Gartencenter
neuer Einkaufspark
Automobilwerk

Was wir wissen wollen:

Wie viele Menschen arbeiten im Betrieb?
Welche Berufe üben sie aus?
Wie wurde die Betriebsfläche früher genutzt?
Welche Pflanzen und Tiere lebten dort?
Wer hat den Bau des Betriebes genehmigt?
Wem bringt der Bau des Betriebes Vorteile?
Hatte der Bau des Betriebes auch Nachteile?

Für den Standort neuer Betriebe benötigt man große Flächen Bauland.
Häufig sind sie Lebensräume von Pflanzen und Tieren und zugleich Erholungsgebiete für die Menschen.

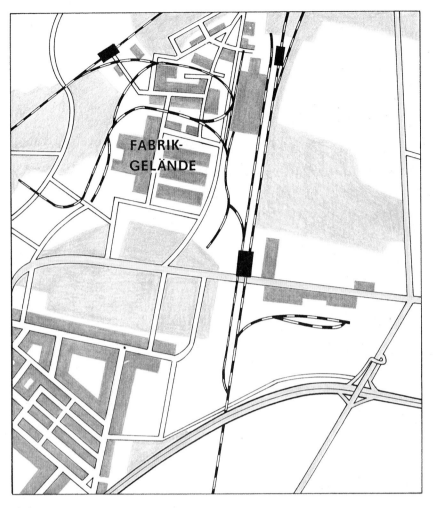

FABRIK-
GELÄNDE

1 Warum wurde der Standort
gerade hier gewählt?
Eine Firma, die auf die Zu-
lieferung von Rohstoffen
oder Einzelteilen angewiesen
ist, muß verkehrsgünstig
liegen.

2 Betrachte den Kartenausschnitt! Welche Verkehrs-
wege liegen in der Nähe des
Automobilwerkes?

3 Überlege, was man für die
Herstellung eines Autos zum
Beispiel benötigt!

4 Was wird verändert?
Erkundet, welche Baustellen
es in eurem Heimatort gibt!

5 Was wird gebaut? Welche
neuen Betriebe entstehen in
eurem Heimatkreis?

So haben wir es herausgefunden:

Interview durchgeführt

Planskizze gezeichnet

alte Fotos gesammelt

neue Fotos geknipst

Bilder selbst gemalt

Sehenswürdigkeiten in Stadt ...

Zwei Schulklassen aus verschiedenen Gebieten Deutschlands wollen sich gegenseitig über ihren Wohnort und dessen Umgebung informieren. Dabei sind Sehenswürdigkeiten und Lagemerkmale für die Kinder besonders interessant.

Liebe Schülerinnen und Schüler aus Vitte,

Potsdam liegt inmitten der Seenlandschaft des Havellandes. In unserer Stadt leben mehr als 140 000 Einwohner. Die Stadt hat viele historische Sehenswürdigkeiten. Jedes Jahr besuchen uns zahlreiche Gäste aus Deutschland und anderen Ländern.
1993 feiert die Landeshauptstadt von Brandenburg ein Jubiläum. Sie wird stolze 1000 Jahre alt. Seht Euch doch schon einmal die Bilder an.
Vielleicht regen sie Euch an, Ausflugsziele für Eure Reise nach Potsdam festzulegen.

Eure Potsdamer

... und Land

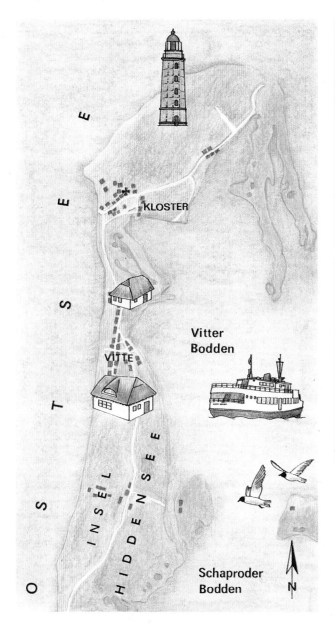

Liebe Potsdamer,

die Insel Hiddensee findet Ihr auf der Karte vor der Westküste Rügens. Im Norden ist ein hügeliges Gebiet, der Dornbusch. In der Mitte liegt die Heide und im Süden das Vogelschutzgebiet „Gellen". Wir können Euch interessante Ausflüge oder einen Tag am Strand empfehlen, zum Beispiel
- eine Wanderung über den Dornbusch und einen Besuch des Heimatmuseums in Kloster/ Hiddensee
- mit der Fähre und dem Bus in das Naturschutzgebiet der Stubnitz bei Saßnitz/Rügen.
Wählt selbst, viel Spaß Eure

Schüler und Schülerinnen aus Vitte

Viele Bewohner der Inseln Rügen und Hiddensee setzen sich dafür ein, daß die Pflanzen- und Tierwelt dort geschützt wird.

Wie sollten wir uns als Urlauber verhalten, damit diese schöne Naturlandschaft erhalten bleibt?

Das Wetter in unserem Alltag

Wie wird das Wetter heute? – Das fragen sich viele Leute.
Deshalb lesen oder hören sie den Wetterbericht.

Welches Wetter
habt ihr
am liebsten?

1 Beschreibe das Wetter auf den Bildern!
2 Weshalb interessieren sich die Menschen für das Wetter?
3 Erkunde, welche Berufstätige täglich den Wetterbericht kennen müssen!
4 Denke dir eine Wettervorhersage für einen Wandertag aus!

Seit altersher beobachteten die Menschen das Wetter. Sie lernten Wettererscheinungen zu nutzen, aber auch zu fürchten. Lange Zeit glaubten sie, daß ihnen gut oder böse gesinnte Götter oder Geister das Wetter schickten. Um die Götter freundlich zu stimmen, wurden ihnen Opfergaben geboten.

Bei germanischen Völkern herrschte der Glaube, daß der Blitz ein Hammerwurf des Wettergottes „Donar" wäre. Wenn er erzürnt in seinem Streitwagen über den Himmel fuhr, vernahmen sie das Rollen der Räder als Donnergrollen.

Ein Regenbogen wurde in verschiedenen Gegenden entweder für ein gutes oder aber ein schlechtes Zeichen gehalten.

Ihre Natur- und Wetterbeobachtungen erzählten sich die Menschen von Mund zu Mund weiter. Vielfach wurden sie in kurze Verse gefaßt. Sie sind als Bauern- oder Wetterregeln bekannt, denn besonders die Bauern waren daran interessiert, hinter die Geheimnisse des Wetters zu kommen.

Die Menschen beobachteten, daß manche Wettererscheinung zu einer bestimmten Zeit immer wieder auftrat. Solche Zeiten erhielten Namen.

▼ 1 *Kannst du sie erraten?*

Die **T**heiligen

Der 🐧 sommer

Die 🐑 kälte

Der **7**schläfer

▼ 2 *Befrage Erwachsene oder suche in Büchern*
nach Wetter- und Bauernregeln!
Sammle sie und ordne sie nach Monaten!
3 *Prüfe diese Wetterregeln:*
Morgenrot – schlecht' Wetter droht.
Abendrot – Schön-Wetter-Bot'.

Der Januar, hart und rauh,
nützet dem Getreidebau.
Ist der Mai kühl und naß,
füllt er dem Bauern Scheun
und Faß.
Heißer Julisonnenschein
macht die Früchte reif und
fein.
Kalter Dezember mit recht
viel Schnee
wächst im Jahr drauf viel
Frucht und Klee;

Auch im Verhalten der Tiere und in der Entwicklung der Pflanzen glaubten die Menschen zu erkennen, wie sich das Wetter zeigen würde:

Wenn der Maulwurf guckt im Januar,
währt der Winter bis zum Mai wohl gar.
Blüht die Eiche vor der Esche,
gibt es eine große Wäsche.

Zu Besuch
in einer Wetterdienststelle

Mathias und Torsten lesen einen Wetterbericht:
Das Wetter:
Heiter bis wolkig, Temperaturanstieg auf 22 bis
25 Grad, ab Wochenmitte zum Teil stark bewölkt
mit Schauern und Gewittern. Tiefste Nacht-
temperaturen 10 bis 13 Grad. Der Wind weht
schwach, in Schauernähe böig auffrischend,
aus südwestlichen Richtungen.

Mathias: In unserem Land gibt es mehrere Wetterdienststellen.
Eine davon besuchten wir. Interessante Dinge waren
dort zu sehen.
Auf einer großen Wiese standen verschiedene Geräte.

Torsten: Wir durften uns alles genau ansehen.

Eine Meteorologin erklärte: Das ist das Meßfeld dieser Wetter-
dienststelle.

Mit dem Thermometer wird die **Lufttemperatur**
gemessen.

Man kann auch die **Menge des
Regens** messen. Dazu braucht
man diesen Regenmesser.

Mit ihm wird errechnet, wieviel
Regenwasser auf einer Fläche
von je einem Meter Länge und
Breite gefallen sind.

▼

*Wer braucht solche Meßergeb-
nisse?*

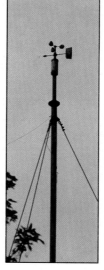

Der Windmesser ist am Ende
eines hohen Mastes befestigt.
Seine Pfeilspitze dreht sich
immer in die Richtung, aus der
der Wind weht (**Windrichtung**).
Mit dem Windrad darüber wird
die **Windstärke** gemessen.
Nimmt sie zu, dreht es sich
schneller.

Mathias: Es wird auch beobachtet und gemessen, wie bewölkt der Himmel ist, wieviel Stunden die Sonne scheint und wie feucht die Luft ist.

Torsten: Alle Messungen und Beobachtungen werden immer zu festgesetzten Zeiten vorgenommen, auch nachts. Mit einem Gerät, das an einem Ballon viele Kilometer hoch aufsteigt, werden Temperatur und Luftfeuchtigkeit gemessen und zur Wetterstation gefunkt. Die Meßergebnisse der Wetterdienststellen sammelt man und wertet sie aus.

Mathias: Zusätzlich senden Wettersatelliten aus dem Weltall Fotos von der Wolkenbildung.
Du kennst sie aus dem Wetterbericht im Fernsehen.

Torsten: Mit Hilfe dieser Wetterbeobachtungen können die Meteorologen erkennen, wie sich das Wetter entwickelt.

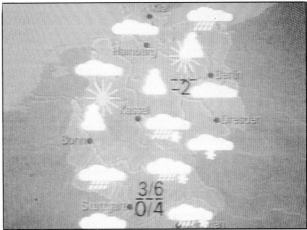

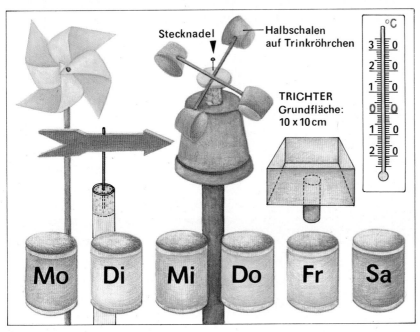

▼

Und das könnt ihr selbst einmal tun:

- *Wettervorhersagen aus Zeitungen ausschneiden, den tatsächlichen Wetterablauf mit der Vorhersage vergleichen*
- *eine Wetterstation auf dem Schulgelände einrichten und einige Beobachtungsgeräte selbst bauen oder besorgen.*

Die vier Jahreszeiten

Die Natur verändert sich ständig.

1 *Woran erkennst du auf den Bildern die verschiedenen Jahreszeiten?*
  Betrachte besonders, wie sich die Pflanzen, das Verhalten der Tiere und der Stand der Sonne verändern! Male selbst Jahreszeitenbilder!

2 *Hast du eine Jahreszeit besonders gern? Begründe, weshalb! Suche Gedichte und Lieder über Jahreszeiten und stelle sie vor!*

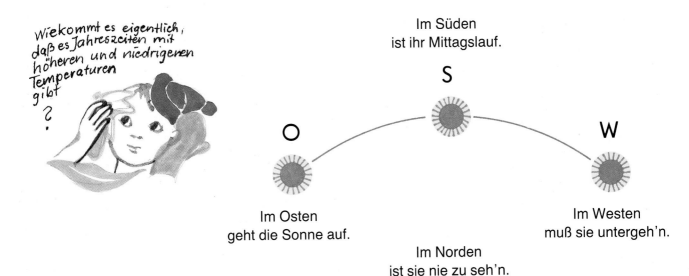

Im Süden
ist ihr Mittagslauf.

S

O   W

Im Osten
geht die Sonne auf.

Im Westen
muß sie untergeh'n.

Im Norden
ist sie nie zu seh'n.

Beobachte die Sonne zu verschiedenen Tageszeiten! Es scheint, als würde die Sonne im Verlauf eines Tages am Himmel einen Bogen beschreiben.
Im Verlauf eines Jahres verändert sich der Tagbogen der Sonne.

1 ▼ Betrachte den Tagbogen an vier Tagen des Jahres! Was sagen dir die Tagesdaten?

2   Wann geht die Sonne auf, wann geht sie unter?

3   Errechne, wie lange die Sonne an den vier genannten Tagen scheint! Dabei helfen dir die untenstehenden Uhrzeiten.

4   Vergleiche in allen Abbildungen den Sonnenstand am Mittag!

5 ▼ Worauf achtest du, wenn du im Winter noch im Dunkeln zur Schule gehen mußt?

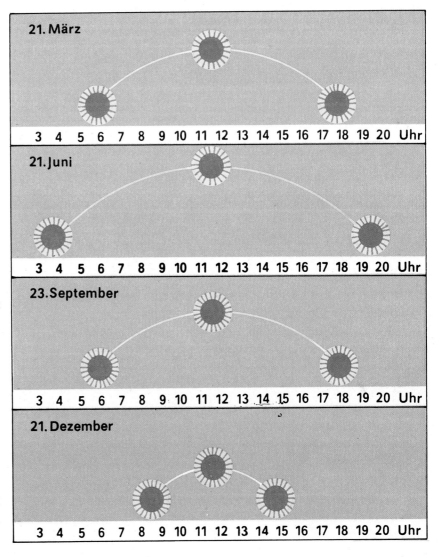

Temperaturen messen

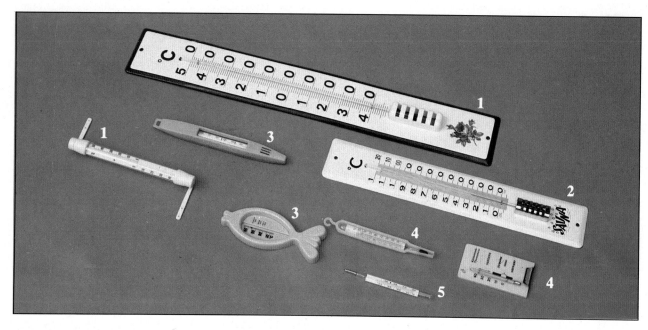

1 Außenthermometer
2 Zimmerthermometer
3 Badethermometer
4 Kühlschrankthermometer
5 Fieberthermometer

Temperaturmessungen sind in unserem täglichen Leben oft notwendig. Der Umgang mit dem Thermometer muß also gelernt werden.

Die Skala unseres Thermometers wurde von dem schwedischen Forscher Anders Celsius schon vor langer Zeit entwickelt. Jeder Strich bedeutet 1 Grad. Beim Ablesen geht man immer von Null aus. Dort, wo die Flüssigkeit im Glasröhrchen endet, wird die Temperatur abgelesen.
Erwärmt sich die Flüssigkeit, dehnt sie sich aus und steigt im Röhrchen nach oben. Bei Abkühlung sinkt sie nach unten.
Beachte den Unterschied in der Sprech- und Schreibweise bei Temperaturen über und unter dem „Null-Punkt"!

▼
2 Probiere nun selbst:
- *Temperaturen zu messen und aufzuschreiben (Körpertemperatur, Temperaturen im Kühl- und Gefrierschrank, auf dem Schulhof im Schatten und in der Sonne, Temperaturen des Leitungswassers, …)*
- *das Steigen und Sinken der Flüssigkeit im Thermometer zu beobachten (in warmes und kaltes Wasser eintauchen)*
- *an einem Tag stündlich die Lufttemperatur zu messen und aufzuschreiben.*

▼
1 Für welchen Zweck werden die Thermometer in der Abbildung gebraucht?

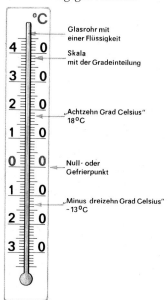

▼
3 Sammelt verschiedene Thermometer, beschriftet sie und stellt sie aus!

Wolken beobachten

An Wolkenarten kannst du erkennen, wie sich das Wetter in den nächsten Stunden oder Tagen entwickelt.

Bedecken Schäfchenwolken den Himmel, ist fast immer Regen zu erwarten. Einzelne Wolken, die wie weiße Haufen langsam über den Himmel treiben, künden oft anhaltend schönes Wetter an. Sie werden deshalb Schönwetterwolken genannt.

Feder- oder büschelartige Wolken, die wie zarte weiße Schleier am Himmel erscheinen, sind sichere Vorboten von unbeständigem Wetter.

Schäfchenwolken

Schönwetterwolken

1 ▼ Sei ein aufmerksamer „Wolkengucker"! Prüfe, ob zutrifft, was du über die Wolkenarten erfahren hast!

Federwolken

2 ▼ Es ist ein besonderer Spaß, Schönwetterwolken gemeinsam zu beobachten. Wer findet Tiergestalten, Gesichter oder Landschaften?

wolkenlos	heiter	wolkig	stark bewölkt	bedeckt
Der Himmel ist blau oder sternklar.	Nur wenige Wolken sind zu sehen.	Klarer Himmel und Wolken sind etwa gleich verteilt.	Die Wolken bedecken fast den gesamten Himmel.	Der Himmel ist völlig von Wolken bedeckt.

Überall auf der Erde verdunstet Wasser: Es steigt auf aus Meeren, Seen und Flüssen, aus dem Boden und aus den Pflanzen. Selbst wir Menschen und die Tiere geben Wasser an die uns umgebende Luft ab.

In unsichtbar kleinen Teilchen, als Wasserdampf, kann die Luft Wasser solange aufnehmen, bis kein Tropfen mehr hineingeht. Wärmere Luft kann mehr Wasserdampf aufnehmen als kältere. Steigt mit Wasserdampf gefüllte Luft auf, kühlt sie sich ab. Dann verwandelt sich ein Teil des Wasserdampfes wieder in Tröpfchen oder in Eiskristalle. Nun sehen wir Wolken am Himmel schweben.

3 ▼ Von welchem Teller verdunstet das Wasser schneller?

Niederschläge

Sieh dir folgenden Versuch an:
In einem Reagenzglas kocht Wasser. Aus der Öffnung entweicht Wasserdampf. Er trifft auf eine kalte Glasplatte und bildet Wassertropfen. Wir haben „Regen" gemacht.
In der Natur läuft ein ähnlicher Vorgang ab. Das verdunstete Wasser kehrt als Niederschlag zur Erde zurück.

Auf der Erde verdunstet ständig Wasser. Wird es eines Tages verschwinden?

Winzige Wasserteilchen (Tropfen oder Eisnadeln) schweben als Wolke über der Erde.

Wird es kälter, vereinigen sich die Wasserteilchen zu größeren Tröpfchen.

Immer größer und schwerer werden die Tröpfchen. Schließlich fallen sie zur Erde. Es regnet oder ...

Sinken die Temperaturen unter 0 °C, entstehen in den Wolken Eisnadeln. Sie bilden Sternchen mit sechs Strahlen. Viele dieser Sternchen verhaken sich zu größeren Flocken, die schließlich zur Erde sinken, tanzen, schweben ... Es schneit.

▼ *Beobachte Schneeflocken einmal unter der Lupe! Du wirst staunen!*

Auch das ist Niederschlag. Die winzigen Wassertröpfchen, die sich über Nacht an Pflanzen und Gegenständen absetzen, nennt man Tau.
Unter 0 °C gefrieren diese Wasserteilchen an den Gegenständen sofort zu Eisnadeln. Das ist Reif. Wie mit Zucker bestreut sehen dann Pflanzen und Zäune aus.

So kannst du Niederschläge symbolisch darstellen.	Regen	Schnee	Tau	Reif	Hagel
	⊘	＊	⌒	⌣	▲

Achtung! Wetterwarnung!

Gewarnt wird über Rundfunk und Fernsehen vor gefährlichen Wettererscheinungen.

Glatteis, der Schrecken aller Autofahrer und Fußgänger. Innerhalb weniger Minuten können Straßen und Gehwege vereisen, wenn nach längerem Frost plötzlich Regen fällt.
Die Räder der Fahrzeuge und die Füße der Fußgänger finden auf den spiegelglatten Straßen keinen Halt.

1 Was ist jetzt zu tun?
Findet Tips, wie ein Ausrutschen
verhindert werden kann!

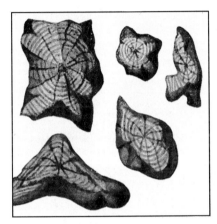

Mitten im Sommer fallen bei einem Gewitter plötzlich Eiskörner vom Himmel.
Woher kommen sie?
Steigt warme Luft schnell nach oben, reißt sie viele Wassertröpfchen mit sich und trägt sie in große Höhen. Dort gefrieren sie zu Eiskristallen zusammen, die nun herabfallen. Während des Falls frieren an die Kristalle weitere Wassertröpfchen an.
Hagel ist entstanden. Er prasselt in Schauern nieder und richtet oft Schaden an.

Ein **Gewitter** naht heran. Riesige dunkle Wolken türmen sich auf, starke Sturmböen fegen über das Land. Sie können Dächer abdecken, Leitungsmaste und Bäume knicken.
Im Bruchteil einer Sekunde entlädt sich der erste Blitz, Donner grollt.

Die weiße Wolke, die auf der Erde „liegt", ist **Nebel.** Die Luft ist voller kleiner Wassertröpfchen. Manchmal kann man nur wenige Meter weit sehen. Der Nebel verschluckt auch die Geräusche.
2 Wie soll man jetzt sicher über
die Straße kommen?

Wenn du bei Gewitter im Freien bist, beachte:
Verlasse sofort das Wasser, wenn du badest oder in einem Boot unterwegs bist!
Suche nie Schutz unter allein stehenden Bäumen! Hier besteht Lebensgefahr für dich!
Auf freiem Feld hocke dich in eine Vertiefung!
Im Auto bist du ziemlich sicher. Verlasse es nicht, wenn dich ein Gewitter überrascht!
Bist du im Freien, suche am besten ein festes Haus auf!

Bestimmt der Wind unser Wetter?

Winde kommen oft aus weit entfernten Gegenden zu uns. Von dort können sie sehr kalte oder warme Luft mitbringen. Die Luft kann außerdem feucht oder trocken sein. Deshalb hängt es auch vom Wind ab, ob Niederschläge fallen oder ob es längere Zeit trocken bleibt.

Hier bin ich zu Hause
Im Westen sehe ich ein großes Meer
Am Nordpol gibt es viel Eis,
und östlich von Deutschland
ist nur festes Land
Also ich könnte mir denken,
was die Winde aus diesen Richtungen
zu uns bringen könnten.

Weißt du es auch?

Aber wie finde ich heraus, woher der Wind bläst?

Sieh dir einen Wetterhahn an. Er dreht seinen Schnabel immer in die Richtung, aus der der Wind weht.
Und der Wind wird nach den Himmelsrichtungen bezeichnet, aus denen er gerade bläst.

▼ *Wie heißt der Wind, wenn er von West nach Ost weht?*

Am sichersten bestimmst du die Windrichtung mit dem Kompaß. Wenn du von deinem Standpunkt aus weißt, wo Westen, Norden, Süden und Osten liegen, kannst du die Windrichtung auch ohne Kompaß ermitteln:

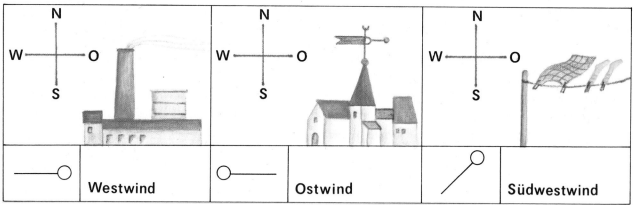

| Westwind | Ostwind | Südwestwind |

Ist der Wind fast nicht zu spüren, halte einen angefeuchteten Finger hoch. Die Seite, an der es etwas kalt wird, ist die Windrichtung.
Bestimmt findest du noch andere Möglichkeiten, die Windrichtung zu ermitteln.

114

„Es folgt eine Wetterwarnung: Einzelne Windspitzen erreichen eine Geschwindigkeit von über 30 Metern pro Sekunde."

Das ist ja schon ein richtiger Orkan! Und was nun?

Es muß Vorsorge getroffen werden: Kräne sind festzuzurren, große Hallen sind gegen Luftzug zu sichern. Einsatztrupps zur Reparatur von Freileitungen müssen sich bereithalten, ...

Die Meteorologen kennzeichnen zwölf verschiedene Windstärken. Für deine Beobachtungen reicht es aus, die Stärke des Windes so einzuschätzen, wie es die Tabelle zeigt.
Die Symbole am unteren Rand geben mit dem langen Strich die Windrichtung an. Die kürzeren Querstriche bezeichnen die Windstärke.

1 *Was solltet ihr zu Hause oder in der Schule tun?*

2 *Lies nach, wie im Wetterbericht Windstärken bezeichnet werden!*

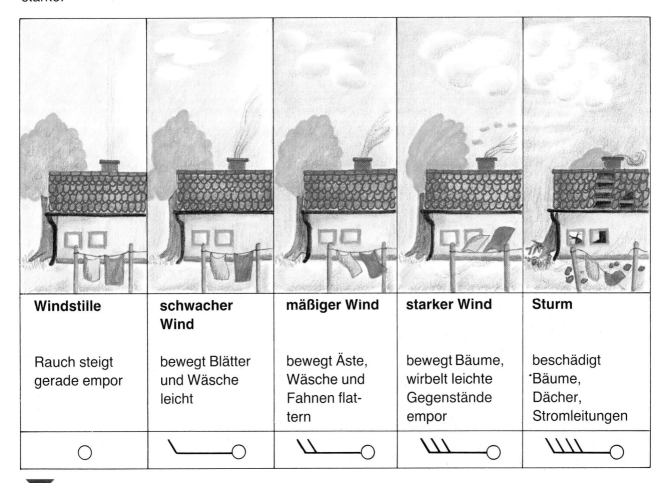

Windstille	schwacher Wind	mäßiger Wind	starker Wind	Sturm
Rauch steigt gerade empor	bewegt Blätter und Wäsche leicht	bewegt Äste, Wäsche und Fahnen flattern	bewegt Bäume, wirbelt leichte Gegenstände empor	beschädigt Bäume, Dächer, Stromleitungen

3 *Beschreibe mit Worten Geräusche, die der Wind verursacht! Du kannst auch Geräusche nachahmen.*

4 *Spiele mit dem Wind (Windrad bauen, Drachen steigen lassen, …)!*

Wir führen Wettertabellen

Geschafft! Die Kinder der 3. Klasse haben einen Monat lang das Wetter in ihrem Heimatort beobachtet und ihre Ergebnisse genau aufgeschrieben. Sie suchten sich dafür den Frühlingsmonat April aus.

In vier Gruppen arbeitend, führten sie jeweils eine Woche lang eine Wettertabelle. Sie nahmen täglich zur gleichen Zeit Temperaturmessungen vor und ermittelten selbst die Windrichtung (vergleiche S. 111). Die Windstärke schätzten sie selbst (vergleiche S. 112), Sonnenaufgang und Sonnenuntergang entnahmen sie der Zeitung oder einem Kalender.

So hat eine Kindergruppe ihre Beobachtungen ausgewertet und zusammengefaßt.

	2.4.	3.4.	4.4.	5.4.	6.4.
Temperatur	2°C	5°C	9°C	13°C	12°C
Bewölkung	●	●	◑	○	◔
Niederschläge	⊛ ✳		⊛	⊛	
Wind					
Sonnenaufgang	5.55	5.53	5.51	5.48	5.46
Sonnenuntergang	18.57	18.59	19.00	19.02	19.04

Wetterbericht

von Tanja, Steffi, Jens, Christian, Silke und Tobias

Die niedrigste Temperatur betrug 2°C, die höchste 13°C. An drei Tagen regnete es. Einmal fielen Schnee und Regen gleichzeitig.

Der Wind wehte meist aus westlicher Richtung. An zwei von diesen Tagen hat es dann auch geregnet.

An einem Tag sah man keine Wolken am Himmel. Diese Tage waren die wärmsten.

Der Zeitraum von Sonnenaufgang bis Sonnenuntergang war an jedem folgenden Tag immer etwas länger.

1 Wertet den Bericht aus! Was haben die Kinder beachtet?

2 Stellt in der Gruppe auch einen Bericht zusammen! Was möchtet ihr noch ergänzen?

116

Eine andere Gruppe wollte es ganz genau wissen. Sie führte ihre Tabellen im Sommer, im Herbst und im Winter weiter.

Mit Hilfe der Tabellen konnten die Kinder die Beobachtungen vergleichen und feststellen, wie sich das Wetter im Verlauf eines Jahres veränderte. Sie stellten den anderen ihre Ergebnisse vor. Dazu bereiteten sie Zettel mit Aufschriften vor und befestigten diese an der Tafel.

Nun leisteten ihnen die Wetterberichte für die einzelnen Jahreszeiten gute Dienste. Sie schrieben die Angaben auf die Zettel.

Damit konnte die Klasse einen Jahreswetterbericht auswerten.

Jahres-zeit	Temperatur	Nieder-schläge	Bewöl-kung	Wind-richtung Windstärke	Tages-länge
Frühling (April)	2°C	✳ ◍	●		13h 2min
	5°C	◍	●		13h 6min
	9°C	◍	◗		13h 9min
	13°C		○		13h 14min
	12°C		◔		13h 16min
Sommer (Juli)	22°C	◍	◕		16h 13min
	25°C		○		16h 11min
	27°C		○		16h 9min
	30°C		○		16h 7min
	20°C	◍	◐		16h 4min
Herbst (Oktober)	7°C	◍	◔		10h 54min
	12°C	◍	●		10h 50min
	6°C		◓		10h 47min
	9°C		◓		10h 43min
	8°C	◍	◔		10h 39min
Winter (Januar)	-4°C	✳	●		8h 4min
	-5°C		○		8h 5min
	-3°C	✳	◓		8h 7min
	2°C	✳ ◍	◓		8h 8min
	5°C	◍	●		8h 11min

▼
1 Versuche selbst, diesen Jahreswetterbericht zu geben! Vergleiche dazu das Wetter in den Jahreszeiten!

2 Vielleicht führt ihr auch in der Gruppe Wettertabellen in den Jahreszeiten?

3 Sieh auf die Länderkarte deines Bundeslandes! Überlege, welche natürlichen Bedingungen das Wetter in deinem Heimatort beeinflussen könnten!

Wasser suchen –
Wasser finden –
Wasser nachweisen

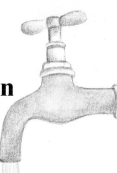

So kennt Wasser jedes kleine Kind. Es fließt aus dem Wasserhahn oder in Bächen und Flüssen. Es ist **flüssig**.

▼ *1 Finde heraus, wo Wasser flüssig vorkommt! Wer findet die meisten Beispiele?*

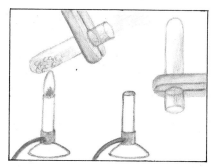

▼ *2 Wasser kann sich verwandeln. Probiere es an der Tafel!*

3 Wo ist das Wasser an der Tafel geblieben?

4 Denke darüber nach, wo in deiner Umgebung Wasser „verschwindet"! Erzähle davon!

Das siedende Wasser wird bald aus dem Reagenzglas verschwunden sein. Und wo ist es dann?

Wasser verdunstet oder verdampft. Es ist dann als Wasserdampf unsichtbar in der Luft enthalten: es ist **gasförmig**.

Stellt man eine Flasche aus dem Kühlschrank eine Weile in wärmere Luft, bilden sich plötzlich Wassertropfen an ihrer Oberfläche. Wasserdampf aus der Luft hat sich an der Flasche abgekühlt und wird wieder zu Wasser. Diesen Vorgang nennt man **Kondensation**. Ähnliche Vorgänge gibt es in der Natur, zum Beispiel, wenn Regen entsteht.

So wechselt Wasser seinen Zustand.

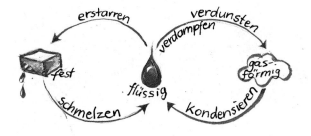

Auch in dieser Form kannst du Wasser finden. Sinkt die Temperatur unter 0 °C, beginnt Wasser zu Eis zu frieren. Es ist dann **fest**.

▼ *5 Stelle in einer frostigen Nacht eine Flasche mit Wasser ins Freie! Betrachte am Morgen die Flasche! Was ist geschehen?*

Wasser findest du auch in Pflanzen. Sie nehmen Wasser auf und geben es wieder an die Umgebung ab. Eine Birke zum Beispiel verdunstet über ihre Blätter an einem Sommertag etwa 100 Liter, eine Sonnen- blume immerhin einen ganzen Liter Wasser. Viele Pflanzen speichern das aufgenommene Wasser in Früchten oder Teilen der Wurzel. ▼

1   Suche Wasser in Pflanzen! Zerreibe Kartoffeln, Möhren oder Äpfel und presse die Masse in einem Leinentuch aus! Was stellst du fest? Verhülle einen Birkenzweig mit einer Plastiktüte! Beobachte und schildere, was geschieht!

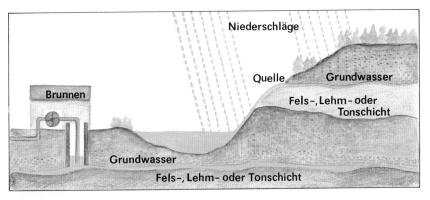

Schon in früherer Zeit nutzten die Menschen das Grundwasser. Sie legten Brunnen an. Auch heute wird ein großer Teil unseres Trinkwassers aus Brunnen gewonnen.

Dort, wo du Wasser vielleicht gar nicht vermu- test, kommt es in großen Mengen vor: als Grundwasser im Boden.

▼ *2   Probiere, welcher Boden das meiste Wasser aufnehmen kann: Fülle je einen Blumentopf mit Sand, Gartenerde und Walderde! Gieße je einen Liter Wasser darüber und fange das durchlaufende Wasser auf! Vergleiche die aufgefangenen Mengen Wasser!*

3   Bildung von Grundwasser im Versuch: Fülle in eine Glaswanne eine 15 Zentimeter hohe Sandschicht und setze eine Dose mit durchlöchertem Boden in die Sandschicht ein! Begieße die Sandschicht gleichmäßig mit Was- ser und beobachte, was in der Dose geschieht!

Selbst der menschliche Körper besteht zum größten Teil aus Flüssigkeit. Sie transportiert alle lebensnotwendigen Stoffe in unserem Körper. Deshalb braucht jeder täglich etwa zwei bis vier Liter Wasser.
Wir nehmen Wasser meist als Getränk, aber auch mit den Speisen auf. Fehlt Wasser, meldet der Körper: Durst!

Mit Flüssigkeit wird wieder aus- geschieden, was unser Körper nicht verbrauchen kann.

Sogar die uns umgebende Luft enthält Wasser.

▼ *4   Bestimmt hast du eine Idee, wie du das feststellen kannst.*

Der Kreislauf des Wassers

In der Natur nimmt das Wasser seinen Weg in einem Kreislauf.

Unser Bach fließt in den Fluß. Der Fluß fließt in das Meer. Viele hundert Flüsse fließen in das Meer - Und warum läuft es nicht über?

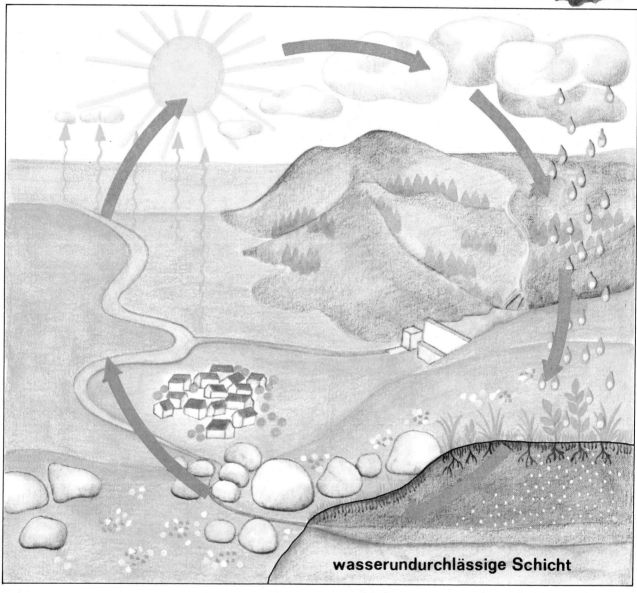

wasserundurchlässige Schicht

1   *Fertige dir nach diesem Muster kleine Kärtchen an!*
   Beschreibe mit ihrer Hilfe den Kreislauf des Wassers!

2   *Einzelne Vorgänge des Wasserkreislaufes kannst du im Experiment sichtbar machen. Denke dir solche Experimente aus und schlage sie der Klasse vor! Vielleicht könnt ihr sie durchführen.*

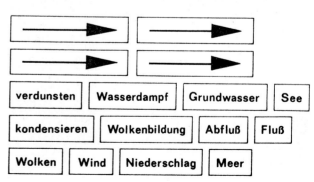

| verdunsten | Wasserdampf | Grundwasser | See |

| kondensieren | Wolkenbildung | Abfluß | Fluß |

| Wolken | Wind | Niederschlag | Meer |

In der Natur verläuft der Kreislauf des Wassers nicht gleichmäßig.

1 *Sieh dir die Abbildungen an! Was ist hier geschehen?*

Der See hat Niedrigwasser.

Dagegen treffen die Menschen Vorsorge.

2 *Sieh dir die unteren Bilder an! Findest du Zusammenhänge zu den oberen Bildern?*

3 *Beobachte einzelne Vorgänge im Wasserkreislauf der Natur:*
- *Straßen, Felder, Gewässer, den Wald nach einem heftigen Regenguß im Sommer,*
- *wie unterschiedlich Regen fällt,*
- *einen Bach nach kräftigen Regenfällen,*
- *Boden und Gewässer nach längerer Zeit der Trockenheit!*

Berichte von deinen Entdeckungen!

121

Wasser nutzen – Wasser schützen

Täglich verbraucht jeder von uns für verschiedene Zwecke Wasser.

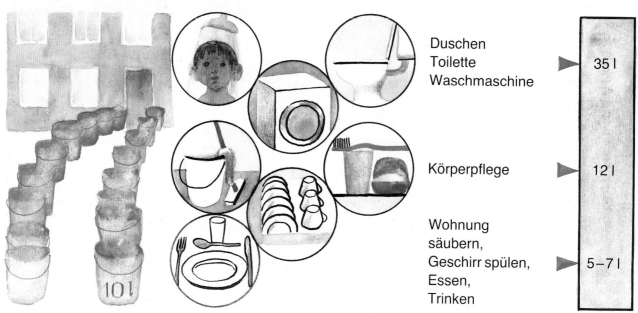

Duschen Toilette Waschmaschine	▶ 35 l
Körperpflege	▶ 12 l
Wohnung säubern, Geschirr spülen, Essen, Trinken	▶ 5–7 l

Etwa die gleiche Menge Wasser verläßt das Haus als Abwasser. Bevor dieses Wasser in den Wasserkreislauf zurückgeführt werden kann, muß es gereinigt werden.
Im Klärwerk durchläuft das Wasser viele Stationen.

Aus dem Abwasser werden entfernt:

feste Stoffe (Papier, Laub, Sand, ...)

Fette, Öle

Salze, Wasch- und Spülmittel

Das Reinigen von Abwässern ist teuer und aufwendig. Deshalb sollte man nicht sorglos mit Wasser umgehen.
Wenn wir Wasser nutzen, müssen wir es auch schützen. Dazu können alle beitragen.

▼ *1 Untersuche, wieviel Wasser du etwa täglich verbrauchst! Bei welchen Tätigkeiten kannst du Wasser sparen?*

2 Was heißt: mit Wasser sorgsam umgehen? Überlege, was du selbst tun kannst!

Kann der Waldsee gerettet werden?

Am Rande einer kleinen Stadt, umgeben von Bäumen, Wiesen und Feldern liegt dieser schöne See.

Lange Zeit verwendeten die Menschen sein Wasser, fingen Fische und erfreuten sich seiner Schönheit. Doch die Schönheit war nicht echt.

Zuerst merkten die Fischer, daß mit dem See etwas nicht stimmte. Mit ihren Netzen fingen sie immer weniger Fische. Häufiger kam es vor, daß sein Wasser sich trübte. Die weißen Seerosen wurden seltener. Nach und nach verschwanden Bleßhühner und Haubentaucher. Von Zeit zu Zeit stiegen übelriechende Blasen auf, und schließlich schaukelten am Schilfsaum tote Fische auf den Wellen. Was war geschehen?

Viele Jahre hatte es dem See nichts ausgemacht, daß er die Abwässer der Haushalte und Betriebe der kleinen Stadt aufnehmen mußte. Kleine Lebewesen und Wasserpflanzen sorgten dafür, daß sein Wasser klar und gesund blieb.

Doch die Abwässer brachten immer mehr Nährstoffe in den See. Und so vermehrten sich die Wasserpflanzen so stark, daß ihre absterbenden Teile an seinem Grund eine faulende Schicht bildeten. Sie vernichtet langsam alles Leben im See. Wird er sterben müssen? Viel Zeit bleibt nicht mehr, um den Waldsee zu heilen. Die einzigen, die ihm helfen können, sind die Menschen in der kleinen Stadt. Vielleicht gibt es in eurer Nähe auch einen solchen See? Ihn zu retten heißt, ihn zu schützen.

1 Warum ist Wasser ein kostbares Gut?

2 Wer außer uns Menschen braucht auch noch Wasser?

3 Weshalb müssen wir darauf achten, daß das Wasser geschützt wird?

4 Rufe zum Schutz des Wassers auf:
- *mit selbstgemalten Bildern*
- *mit kleinen Gedichten*
- *mit erfundenen Geschichten*
- *mit selbstgestalteten Plakaten!*

Auf unseren Feldern

Fährst du in den Sommermonaten durch das Land, siehst du viele Felder gelb leuchten. Es sind Getreidefelder. Dort wachsen Weizen, Roggen, Gerste oder Hafer.

Büschelwurzeln halten die Pflanzen im Boden fest und versorgen sie mit Wasser und Nährsalzen. Der Stengel (auch Halm genannt) ist hohl. An ihm sitzen Laubblätter. Viele kleine Blüten stehen in einem Blütenstand zusammen. Die Blütenstände von Weizen, Roggen und Gerste heißen Ähre. Der Blütenstand vom Hafer heißt Rispe. In den Blüten entwickeln sich Früchte, die Körner. Aus dem Blütenstand wird ein Fruchtstand.

1 Vergleiche die Fruchtstände auf den Abbildungen! Stelle Gemeinsamkeiten und Unterschiede fest!

2 Erkunde, welche Getreidepflanzen in der Umgebung deines Heimatortes wachsen!

3 Gestaltet eine kleine Ausstellung zum Thema: „Auf unseren Feldern wächst Getreide"!

Weizen

Roggen

Gerste

Hafer

Nach der Ernte des Sommergetreides im Spätsommer pflügen die Bauern den Boden tief um. Danach wird der Boden meist gedüngt und später mit Eggen geglättet. Nun kann die Aussaat des Wintergetreides beginnen. Mit Drillmaschinen bringen die Bauern die Saat in den Boden. Nach einigen Wochen kannst du kleine grüne Pflanzen sehen.

Wie der Mensch das Getreide nutzt

1 Sprich über die Verwendung von Weizen und Roggen für die Tiere!

2 Ermittle, wie Getreide verarbeitet wird, bevor du ein Brötchen essen kannst! Zeichne auf: „Der Weg vom Getreide zum Brot"!

3 Schau dich beim Einkaufen um. Welche Lebensmittel sind aus Roggen oder Weizen hergestellt? Bringe Verpackungsmaterial dieser Lebensmittel mit!

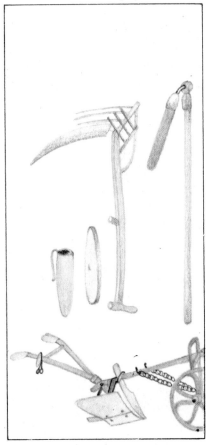

4 Erkundige dich bei älteren Leuten, welche Arbeiten früher beim Getreideanbau notwendig waren! Erkundet im Heimatmuseum, aus welcher Zeit solche Geräte stammen!

Was noch auf unseren Feldern lebt

Wildpflanzen und Tiere im Getreidefeld

In einigen Getreidefeldern leuchten im Sommer rote, blaue und weiße Blüten. Hier wachsen verschiedene Wildpflanzen. Sie sind in den letzten Jahren immer seltener geworden. Warum?

1 *Welche Wildpflanzen erkennst du auf den Abbildungen?*
2 *Überlege, warum man von Kulturpflanzen und Wildpflanzen spricht!*
3 *Erkunde, wann es notwendig wird, Wildpflanzen im Getreidefeld zu bekämpfen!*

Urlaub auf dem Lande – was du nicht alles mit den Augen entdecken kannst:
Getreide, Wildpflanzen, Tiere ...

4 *Ob du sie noch anders erleben kannst? Wenn du an einem Feld stehst, schließe einmal die Augen. Schildere deine Eindrücke!*

5 *Benenne und beschreibe die abgebildeten Tiere! Was weißt du von ihrer Lebensweise? Kennst du noch andere Tiere, die auf dem Feld leben?*

126

Pommes frites und Lutscher

Woraus werden Pommes frites hergestellt?

Richtig! Pommes frites werden aus Kartoffeln hergestellt. Die Kartoffelpflanze stammt aus Südamerika. Vor etwa 400 Jahren wurde sie nach Europa gebracht und durch Züchtung verändert. Wir nutzen von der Pflanze die Knollen.

1 *Erkunde, wo in der Umgebung deines Heimatortes Kartoffeln angebaut werden!*
Weißt du, wozu Kartoffeln noch verarbeitet werden?

Der Kartoffelkäfer und seine Larven fressen die Blätter der Kartoffelpflanze ab, deshalb werden sie bekämpft. Ist das nötig? Wir essen doch nur die Knollen!

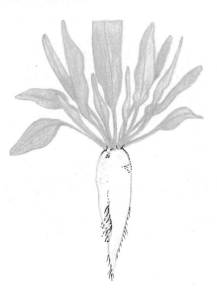

Naschst du gern Süßigkeiten? Vielleicht möchtest du erfahren, woher der Zucker stammt. So sieht die Zuckerrübe aus. Durch Züchtung ist der Rübenkörper dick, fleischig und zuckerreich geworden.
Nach der Ernte werden die Zuckerrüben in der Zuckerfabrik gewaschen und zerkleinert. Aus den Rübenschnitzeln wird der Zuckersaft gepreßt und

dann zu Zucker verarbeitet. Die ausgepreßten Rübenschnitzel sind Futter für Rinder und Schweine.

2 *Frage deine Großeltern, was aus der Zuckerrübe noch hergestellt werden kann!*

Haustiere in der Landwirtschaft

1 *Betrachte die Abbildung! Welche Haustiere erkennst du?*
Beschreibe ihr Aussehen so, daß deine Mitschüler diese Tiere erraten können!

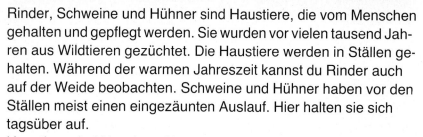

Rinder, Schweine und Hühner sind Haustiere, die vom Menschen gehalten und gepflegt werden. Sie wurden vor vielen tausend Jahren aus Wildtieren gezüchtet. Die Haustiere werden in Ställen gehalten. Während der warmen Jahreszeit kannst du Rinder auch auf der Weide beobachten. Schweine und Hühner haben vor den Ställen meist einen eingezäunten Auslauf. Hier halten sie sich tagsüber auf.
Haustiere sind Nutztiere. Kannst du es erklären?

2 *Vergleiche den Körperbau von Rind, Schwein und Huhn!*
Überlege, welche Gemeinsamkeiten und Unterschiede diese Tiere haben!

Tier„familien"

Im Frühling beginnt die Natur zu erwachen.

Was ist mit diesem Satz wohl gemeint?

Die ersten Pflanzen blühen. Viele Tiere bekommen ihre Jungen. Die Kuh bringt ihr Kälbchen zur Welt. Die Sau wirft mehrere Ferkel. Im Pferdestall steht das Fohlen auf wackligen Beinen neben der Stute.

Unsere Hauspferde stammen von Wildpferden ab, die in der Steppe lebten. Es gibt heute eine Vielzahl an Pferderassen, die gezüchtet wurden.

1 *Betrachte die Abbildungen!*
  Fehlt hier nicht ein „Familienmitglied"?

2 *Informiere dich, wie die männlichen Tiere von Rind, Schwein und Huhn genannt werden!*

3 *Beobachte im Tierpark, im Zoo oder im Stall, wie Jungtiere vom Muttertier versorgt werden!*

Tiere in der Wohnung

Viele Kinder wünschen sich ein Tier, weil sie damit spielen wollen. Mit einigen kann man auch so schön kuscheln. Hattest du solch einen Wunsch schon einmal?

Bevor du dir ein Tier anschaffst, solltest du gemeinsam mit deinen Eltern und Geschwistern folgendes bedenken:
Warum möchte ich dieses Tier haben?
Welche Gewohnheiten hat es?
Welche Behausung braucht das Tier?
Was frißt es?
Wie muß man es pflegen?

Wußtest du schon, daß

– die Heimat des Wellensittichs das ferne Australien ist?

– er dort auf Eukalyptusbäumen lebt?

– dieser Vogel in Europa seit über 100 Jahren in Wohnungen gehalten wird?

– der Wellensittich ein großes, mindestens 50 cm langes Vogelbauer braucht?

– er täglich viel Bewegung braucht und deshalb im Zimmer umherfliegen sollte?

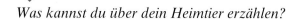

Was kannst du über dein Heimtier erzählen?

Wir richten im Klassenzimmer ein Aquarium ein

Zuerst solltet ihr einen geeigneten Platz für das Aquarium aussuchen, denn das Becken darf nicht direkt im Sonnenlicht stehen. Und – es soll euren Raum schmücken.

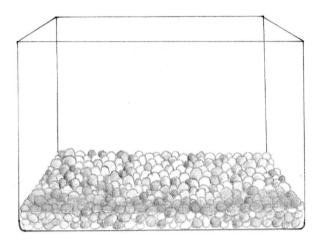

Als Bodengrund eignet sich grober Kies. Er gibt den Pflanzen Halt. Durch die Zwischenräume kann Wasser an die Wurzeln der Pflanzen gelangen.

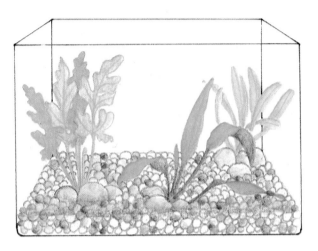

Pflanzen verschönern das Becken. Gleichzeitig bieten sie einigen Fischen auch Schutz. Nach dem Einsetzen der Pflanzen kann Wasser eingefüllt werden. Dazu mischt man abgestandenes Wasser (ungefähr 1 Tag alt) und Leitungswasser. Gieße das Wasser langsam ein!

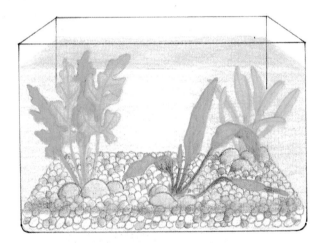

Die Fische setzt man erst nach etwa 10 Tagen ein. Das Wasser im Transportglas sollte die gleiche Temperatur wie im Aquarium haben. Ein starker Temperaturwechsel kann den Fischen schaden.

Probiert es doch selbst!
Informiert euch vorher noch einmal genauer darüber, was für eine Aquariumeinrichtung die Fische brauchen, die ihr halten wollt.

Im Garten

Blühender Apfelzweig

Blühender Kirschzweig

Es ist Frühling. In den Gärten beginnt es zu grünen und zu blühen. Im April und Mai sehen viele Obstbäume mit ihren unzähligen weißen und rosa Blüten wie eingeschneit aus.

Schau dich in deinem Heimatort und seiner Umgebung um, ob du auch noch andere Obstbäume findest!

Die Blüten sehen nicht nur schön aus. Ihre vielen einzelnen Teile haben auch verschiedene Aufgaben.

Wir wollen den Blütenbau genauer erforschen und eine Kirschblüte zerlegen.

Dazu brauchen wir:
– eine Kirschblüte
– dunkles Papier
– eine Pinzette.
Ordne die Teile der Blüte auf dem dunklen Papier untereinander an:
– Fruchtblatt
– Staubblätter
– Kronblätter
– Kelchblätter

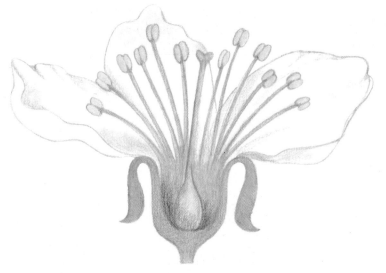

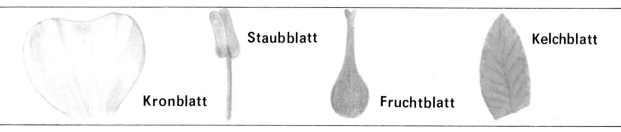

Kronblatt   Staubblatt   Fruchtblatt   Kelchblatt

Wie sich Früchte entwickeln

Wer über längere Zeit einen Kirschbaum beobachten kann, erlebt, wie sich aus den Kirschblüten langsam reife Kirschen entwickeln.

1 Erzähle, wie aus der Blüte eine Frucht wird! Nutze dazu auch die Abbildungen!

Rote Kirschen eß ich gern ...

Es gibt unterschiedliche Sorten Kirschen.
Wie schmecken sie?
Was kann man aus Kirschen herstellen?
Kirschen bestehen aus verschiedenen Teilen.
Zerlege eine Kirsche.
Kirschen werden zu Kirschbäumen?
Mit viel Geduld hast du Erfolg.

2 Probiere es:
- *„Kirschkern" in 2 bis 3 cm Tiefe in einen Blumentopf mit feuchter Gartenerde stecken*
- *an einen warmen, dunklen Ort zum Keimen stellen*
- *an einen hellen Ort zum Wachsen stellen und regelmäßig befeuchten.*

Geht der Versuch auch mit einem Kirschkern aus dem Einweckglas?

Zimmerpflanzen und Zimmerschmuck

Ihr wollt, daß einige Pflanzen euer Klassenzimmer verschönern?

Was ihr bei der Pflege von Zimmerpflanzen beachten solltet:

- Welche Pflanzen sind leicht zu pflegen? Lest in Büchern darüber nach!

Beim Aussuchen der Pflanzen solltet ihr die Ansprüche der Pflanzen an Licht und Wärme beachten. Prüft deshalb:

- Welche Lichtverhältnisse herrschen im Klassenraum? Meßt auch die Temperaturen!

Wer darf die Pflanzen pflegen?

Sie brauchen eine gewissenhafte, zuverlässige und liebevolle Pflege.

Die Buntnessel

Andere Pflanzen gedeihen als Hydrokultur. In Hydrokulturen sind die Wurzeln ständig von Wasser umgeben. Ab und zu gibt man in das Wasser eine Nährstofflösung.

Die Grünlilie ist eine anspruchslose immergrüne Zimmerpflanze.

Es gibt Zimmerpflanzen, die in der Erde wachsen. Die Erde gibt den Pflanzen nicht nur Halt. Sie enthält auch viele Nährstoffe, die die Pflanzen in gelöster Form mit den Wurzeln aufnehmen. Diese Pflanzen müssen regelmäßig gegossen werden.

Der Bogenhanf

▼
1 Wie heißen die Zimmerpflanzen, die in deiner Wohnung stehen? Erkunde einmal, woher deine Lieblingspflanze stammt!

134

Bei guter Pflege gedeihen eure Pflanzen prächtig. Sie wachsen schnell und werden kräftig. Ihr könnt sie selbst vermehren.

Die Grünlilie bildet Ableger. Schneidet sie ab und pflanzt sie in einen Blumentopf mit frischer Gartenerde.

Achtet beim Einpflanzen darauf, daß die kleinen Wurzeln mit Erde bedeckt werden.

2 Informiert euch, welche Pflanzen ihr ähnlich vermehren könnt!

Von der Buntnessel könnt ihr abgeschnittene Triebe in ein Wasserglas stellen. Bald bildet der Trieb Wurzeln aus.

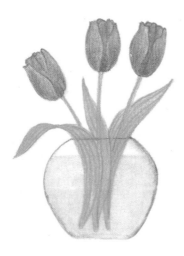

Schnittblumen

Auch Schnittblumen sind ein schöner Schmuck für das Klassenzimmer. Sie wollen ebenso wie Topfpflanzen gut gepflegt werden, das heißt:
- täglich frisches Wasser geben
- sie an einen schattigen, zugluftfreien Platz stellen ...

3 Überlegt und ergänzt die Aufzählung!

Landwirtschaft – früher und heute

Jost berichtet seinen Freunden voller Begeisterung, daß er mit seinen Eltern Urlaub auf einem Bauernhof verleben wird. „Was Schöneres kann dir gar nicht passieren" meint Uschi, die oft zu ihrem Opa aufs Land fährt. „Das kleine Dorf", so erzählt sie „liegt 20 km von der Stadt entfernt ..."

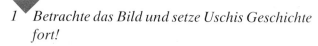

1 *Betrachte das Bild und setze Uschis Geschichte fort!*

Vom Opa weiß Uschi, daß das Leben im Dorf in früheren Zeiten sehr schwer war. Bevor der elektrische Strom kam und die Traktoren ihren Einzug hielten, mußten alle Arbeiten mit der Muskelkraft von Mensch und Tier verrichtet werden.

Geblieben ist das Arbeiten unter freiem Himmel bei Hitze, Wind und Kälte.
„Mein Opa", erzählt Uschi, „ist ein richtiger Landbewohner. Er liebt die Tiere sehr und die Pflanzen und ist überhaupt naturverbunden."
So aber sind viele Leute auf dem Land.

2 *Betrachte die Abbildungen!*
Erkundige dich, welche Arbeiten noch durch Maschinen erleichtert wurden! Wie beeinflußt das Wetter die Arbeit der Bauern?

3 *Achte bei Museumsbesuchen auf alte Werkzeuge und Gerätschaften!*

4 *Suche in Büchern nach Darstellungen über das schwere, entbehrungsreiche Leben unserer Vorfahren, lies und berichte!*

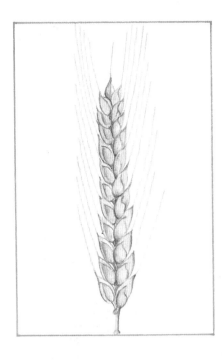

Seit die Menschen vor Tausenden von Jahren seßhaft wurden, bauten sie Pflanzen an und hielten sich Haustiere. Die Körner der jeweils größten oder ertragsreichsten Pflanzen suchten sie wieder aus. Die Jungen der gesündesten und leistungsfähigsten Haustiere zogen sie auf. Von dieser Auslese bis hin zu einer modernen Pflanzen- und Tierzucht war ein langer Weg.

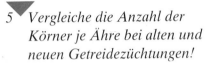

5 *Vergleiche die Anzahl der Körner je Ähre bei alten und neuen Getreidezüchtungen!*

Auf manchen Äckern werden über Jahre nur Weizen oder nur Zuckerrüben angebaut. Dieser einseitige Anbau führt dazu, daß der Boden nicht mehr genügend Nährstoffe für die Pflanzen hat.

6 *Erkunde, weshalb man im Garten Möhren und Zwiebeln gemischt anbauen sollte!*

Was haben Fasan und Rebhuhn mit den Kartoffelkäfern zu tun?

7 *Laß dir erzählen, wie man auf den Feldern Schädlinge auf natürliche Art bekämpfen kann!*
Vielleicht kannst du durch einen Nistkasten auch zur natürlichen Schädlingsbekämpfung beitragen.

8 *Schildere noch einmal den Weg vom Korn zum Brot!*

Wir wissen jetzt: In jedem Stückchen Brot stecken viel Arbeit und Mühe. Trotzdem wird Brot oft weggeworfen. Darüber solltet ihr reden.

Pflanzen und Tiere in Wäldern und Parkanlagen

Beim Wandern durch die Wälder unserer Heimat kannst du so manches entdecken und erleben.
Bäume, Sträucher, Kräuter und viele Tiere gibt es zu sehen. Die Luft des Waldes tut deinen Lungen gut, und das Auge erfreut sich an den vielen Farben.

Bäume in Wäldern und Parkanlagen

Wald – er kann so verschieden sein. Spazierst du durch einen Laubwald, funkelt manchmal das Sonnenlicht durch das Blätterdach. Im Nadelwald ist es oft kühl und dunkel. Hier duftet es würzig. In den Parkanlagen deines Heimatortes oder der Umgebung findest du auch Bäume aus fernen Ländern. Dazwischen fallen oft die dunkelgrünen Nadeln und die roten beerenartigen Früchte der einheimischen Eibe auf. Ihre Nadeln und Samen sind giftig.

In welcher Jahreszeit gefällt es dir am besten im Wald? Dann, wenn Sträucher und Kräuter blühen? Dann, wenn die Früchte der Sträucher reifen und das Laub sich verfärbt? Oder gefällt dir ein dicht verschneiter Winterwald?

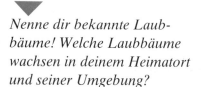

Nenne dir bekannte Laubbäume! Welche Laubbäume wachsen in deinem Heimatort und seiner Umgebung?

138

Erkennst du sie wieder?

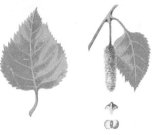

Um Laubbäume genau bestimmen zu können, ist es gut, wenn du dir die Blattform einprägst. Das Laubblatt der Kastanie zum Beispiel sieht aus wie Finger an deiner Hand. Es ist gefingert. Welche Blattformen kennst du noch?

▼

Du kannst auch eine Laubblattsammlung anlegen. Gehe dabei so vor:
Sammle unbeschädigte Laubblätter.
Lege sie glatt zwischen Zeitungslagen und presse sie mehrere Tage.
Befestige die getrockneten Laubblätter mit Klebestreifen auf Zeichenkarton.
Schreibe den Namen des Baumes, das Datum und den Fundort dazu.
Lege auch eine Früchtesammlung an. Was kannst du aus Laubblättern und Früchten basteln?

Name:

Datum:

Fundort:

Nadelbäume unserer Heimat

Die Nadelbäume unterscheiden sich durch ihre Nadeln und Zapfen voneinander. Die Kiefer erkennst du leicht an den langen Nadeln, die paarweise angeordnet sind.
Die Nadelbäume sind immergrün. Nur die Lärche wirft jedes Jahr im Herbst die Nadeln ab.
In der Weihnachtszeit spricht man von festlich geschmückten „Tannen"bäumen. Sind es immer Tannen?

Kiefer

Fichte

Lärche

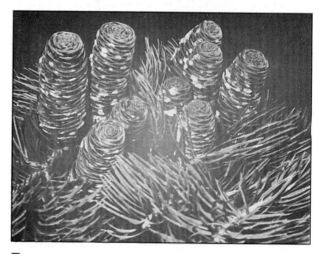

Tanne

Alle Pflanzen, auch die Bäume, brauchen zum Wachsen bestimmte Bedingungen, wie Wasser, Nährsalze, Licht und Wärme. Bäume wachsen sehr langsam. Es vergehen manchmal 30 bis 40 Jahre, ehe aus einem kleinen Setzling ein Baum wird. An den Jahresringen der gefällten Bäume kannst du das ungefähre Alter ablesen.

Werden Nadelbäume nicht gefällt, so können sie über 300 Jahre alt werden.

Überlege, warum Kiefern im Waldesinneren so hoch wachsen und an ihren Stämmen kaum Äste zu sehen sind!

Sträucher

Viele Blüten von Sträuchern locken durch Farbe und Duft Insekten an und bieten ihnen reichlich Nahrung.
Im Juni fallen die weiß-gelblichen Blütendolden des Holunders besonders auf. Diese werden zu Heilzwecken gepflückt und getrocknet. Im Herbst dienen die saftigen dunklen Beeren den Vögeln als Futter. Aber auch die Menschen sammeln diese Beeren.

▼ *Wozu nutzen wir die Holunderbeeren?*

von links
nach rechts:

Brombeere
Holunder
Himbeere
Rhododendron
Schneebeere

An Waldrändern oder auf Lichtungen findest du Brombeer- und Himbeersträucher. In manchen Jahren hängen an den Zweigen die begehrten Früchte in großen Mengen.
In vielen Parkanlagen fallen im späten Frühling die herrlichen Blüten des Rhododendron und die gewaltigen Fliederbüsche mit ihren großen Blütenständen auf. Viele kleinere Singvögel finden im dichten Gesträuch der Parkanlagen günstige Plätze zum Bau ihrer Nester. Im Herbst leuchten weiß die Früchte der Schneebeere. Vorsicht! Sie sind giftig!

Kräuter, Moose und Pilze

Im Frühjahr erfreuen uns in Laubwäldern und Parkanlagen zahlreiche Frühblüher mit ihren farbenprächtigen Blüten. Noch bevor die großen Bäume ihr Laub entfalten, breiten sich Busch-Windröschen (Anemonen) wie ein Teppich im Buchenwald aus.

1 Welche anderen Frühblüher kennst du? Beschreibe eine Pflanze so, daß deine Mitschüler sie erraten können!

2 Welche Aufgabe hat die Zwiebel des Schneeglöckchens?

Das Scharbockskraut tritt sehr häufig auf. Seine saftig grünen Blätter werden von gelben Blütensternen überragt.
Nachts und an trüben Tagen bleiben die Blüten geschlossen.
Vornehmlich in Laubwäldern findest du das gelbe Springkraut.
Seine reifen Früchte „springen" bei der kleinsten Berührung auf.
Dabei werden die Samen weit herausgeschleudert.
Farne fallen besonders durch ihre Wedel auf. Sie haben wie die Moose und Pilze keine Blüten und Früchte.

3 Achte bei Spaziergängen im Wald darauf, ob du diese Kräuter wiedererkennst oder noch andere findest! Du kannst auch in Kinderbüchern über Kräuter nachlesen!

Springkraut

Scharbockskraut

Wurmfarn

Manchmal läufst du auf dem Waldboden wie auf einer Schaumgummimatte. Viele zarte Moospflanzen bilden weiche Moospolster. Zwischen den winzigen Blättern der Moose sammelt sich das Regenwasser. So wirkt die „Moosmatte" wie ein Badeschwamm, der das Wasser aufsaugt. Langsam wird das Wasser an den Waldboden abgegeben.

▼ 4 *Du kannst mit einem einfachen Versuch prüfen, daß das Moos Wasser festhält. Gehe so vor: Lege ein Stück Moospolster in Wasser. Nimm es nach 15 Minuten wieder heraus und lasse es kurz abtropfen. Drücke das Moospolster über einem Gefäß kräftig aus. Was stellst du fest?*

Kennst du diese Pilze?

Pilze kannst du das ganze Jahr über entdecken, besonders viele aber im Sommer und im Herbst. Sie wachsen in Laubwäldern, Nadelwäldern und auf Wiesen. Manchmal findest du Pilze sogar im Garten.

Viele Pilze sind eßbar, andere ungenießbar oder sogar sehr giftig. Es ist ratsam, Pilze nur in Begleitung guter Pilzkenner zu sammeln oder die gesammelten Pilze in Pilzberatungsstellen prüfen zu lassen. Pilzbücher, in denen die Pilze genau abgebildet und beschrieben sind, helfen, einen eßbaren von einem giftigen Pilz zu unterscheiden.

Giftpilze sind für den Menschen schädlich, manche Tiere aber können sie fressen. Die Schnecke hinterläßt viele Fraßspuren an Pilzen. ▼

1 *Erkunde, welche Pilze in deiner Heimat am häufigsten auftreten!*
2 *Kennst du die nächste Pilzberatungsstelle in deinem Heimatort?*

143

Tiere in Wäldern und Parkanlagen

Sabine erzählte ihren Mitschülern, daß sie am Wochenende mit ihren Eltern im Wald Blaubeeren suchte. „Um uns herum war es völlig ruhig. Ab und zu hörten wir Vögel zwitschern. Plötzlich sahen wir ganz nah vor uns einige Rehe. Das fand ich toll, weil ich sie sonst nur von Bildern, vom Fernsehen und aus dem Zoo kenne." ▼

1   Welche Tiere des Waldes kennst du? Nenne ihre Namen!

Das Reh

Das Reh hält sich im Unterholz des Waldes auf. Dort kann man sein braunes Fell nicht so schnell entdecken. Im Winter verändert sich das Fell. Es wird grau. Rehe fressen Gräser, grünes Laub, Eicheln und Bucheckern. In der Dämmerung, manchmal auch mittags, kannst du Rehe häufig am Waldrand beobachten.

Rehböcke tragen ein kleines Geweih (Gehörn). Die Muttertiere, die Ricken, bringen im Frühjahr meist zwei Kitze zur Welt.

Solltest du im Gebüsch ein ruhendes Kitz finden, so berühre es auf keinen Fall. Warum?

Der Fuchs

Tagsüber ist der Fuchs selten im Wald zu sehen. Erst wenn es dunkel wird, verläßt er seinen Bau, um Nahrung zu suchen. Der Fuchs fängt Mäuse, wilde Kaninchen und Hasen. Oft jagt er auch kranke Tiere.

Das Wildschwein

Das Wildschwein sucht im Boden nach Würmern und Käfern, frißt Bucheckern, Eicheln und Kastanien, aber auch Kartoffeln und Rüben. Es gehört zu den Allesfressern.

▼
2   Wie heißen die Familienmitglieder des Wild-schweins? Vergleiche Wildschwein und Haus-schwein!

3   Wie nennt man Tiere, die vorwiegend Pflanzen fressen?

4   Wo ordnest du den Fuchs nach seiner Nahrung ein? Begründe!

Das Eichhörnchen

In Gärten, Parkanlagen, aber auch in Wäldern ist oft ein munterer Geselle, das Eichhörnchen, zu sehen. Bleibst du ruhig stehen, kannst du gut beobachten, wie es klettert und von Ast zu Ast springt.
Das Fell des Eichhörnchens ist rotbraun. Im Gebirge kommen auch schwarzbraune Tiere vor. Es ernährt sich von Samen der Laub- und Nadelbäume, von Knospen und Früchten. Ab und zu sucht das Eichhörnchen in Vogelnestern nach Eiern und Jungvögeln. In den Baumkronen versteckt, baut es sein kugeliges Nest, den Kobel. Hier zieht es im Frühjahr seine Jungen auf.

Der Buntspecht

Häufig hört man in unseren Wäldern und Parkanlagen das laute, rasche Klopfen des Buntspechts. Mit seinem kräftigen, spitzen Schnabel hackt er eine Nisthöhle in den Stamm eines Baumes. Hier zieht das Pärchen seine Jungen auf. Der Buntspecht holt mit seiner langen klebrigen Zunge unter der Baumrinde lebende Käfer und andere kleine Tiere hervor. In den Wintermonaten kann man auf dem Boden rund um Kiefern zerhackte Zapfen sehen. Hier war ein Buntspecht!
Diese Zapfen klemmt er irgendwo ein, klopft sie mit seinem kräftigen Schnabel auf und holt sich die Samen heraus.

Bedenke: Wildtiere sind im allgemeinen scheu und fliehen vor dem Menschen. Laufen sie nicht weg, darf man sie nicht streicheln. Auch tote Tiere sollten nicht berührt werden. Sie können an Tollwut erkrankt sein. Tollwut ist für den Menschen lebensgefährlich.

1 *Über die Lebensweise von Tieren in unseren Wäldern und Parkanlagen erfährst du in vielen Kinderbüchern. Erzähle deinen Mitschülern davon!*

2 *Beobachte selbst Tiere! Schreibe darüber eine kleine Geschichte!*

Wozu brauchen die Menschen den Wald?

Versuche diese Frage zu beantworten.

Wald – das sind Bäume? Wald – das ist viel mehr.

Hier können wir uns erholen. Beim Spaziergang im Sommer bietet das dichte Laubdach der Baumkronen Schatten und Kühle. Wälder werden als „grüne Lungen" bezeichnet. Sie filtern Staub und Gase aus der Luft. Ohne Wald würde der Boden vom Regen weggeschwemmt oder vom Wind weggeweht. Wald liefert wertvolles Bauholz. Förster und Waldarbeiter wählen die zu fällenden Bäume sorgfältig aus. Auch kranke oder vom Sturm zerbrochene Bäume werden zersägt und zu Nutzholz aufbereitet.

Jährlich pflanzt man wieder junge Bäume an. Dennoch ist unser Wald bedroht. Es gibt kaum große, geschlossene Wälder. In der Luft und im Wasser befinden sich so viele verschiedene Schadstoffe, daß zahlreiche Bäume erkranken. Sicher hast du schon solche Bäume gesehen. Sie zeigen bereits im Sommer gelbgefärbtes Laub oder sind völlig kahl. Immergrüne Nadelbäume haben braune Spitzen.

Der Wald ist ein Lebensraum für viele Tiere. In jeder Jahreszeit bietet er reichlich Nahrung. Und tritt bei klirrendem Frost und hohem Schnee Futtermangel ein, so hilft der Mensch.

1 *Betrachte die Abbildung!*
   Welche Gefahren entstehen hierdurch dem Wald?

2 *Erkundige dich, was Wildfütterung und Wildhege bedeutet!*

Pflanzen und Tiere auf der Wiese

Wir lernen verschiedene Wiesen kennen

Wiesen gibt es in unserer heimatlichen Natur überall. Du kannst sie im Flachland und im Gebirge finden. Liegen sie in der Ebene in Flußnähe, heißen sie Auwiesen. Im Gebirge trifft man auf Bergwiesen. Viele Wiesen werden von Wäldern eingerahmt. Aber auch in Parkanlagen, am Dorfrand und zwischen den Feldern findest du viele Wiesenflächen.

Seit jeher dient das Gras als Tierfutter. Der Bauer treibt Rinder, Schafe und Pferde auf die Wiese und läßt sie das frische Gras fressen. Er nutzt die Wiese als Weide. Mäht er das hohe Gras und trocknet es zu Heu, nutzt er die Wiese als Heuwiese.

1 ▼ Erkundige dich, für welche Tiere das Heu gewonnen wird!

Grünflächen vor Häusern, auf Sportplätzen und in Parkanlagen legt der Mensch durch Aussaat von Grassamen an. Man spricht dann von Rasen. Der Rasen wird durch ständiges Mähen sehr kurz gehalten.

2 ▼ Betrachte die Abbildungen und vergleiche sie! Welche Besonderheiten fallen dir auf?

3 Erkunde, wo es in deiner Umgebung Wiesen gibt. Beschreibe ihre Lage und ihr Aussehen!

Pflanzen auf der Wiese

Wiesen sehen zu jeder Jahreszeit schön aus. Die Wiese ist der Lebensraum vieler verschiedener Pflanzen. Die häufigsten Pflanzen sind Gräser. Man unterscheidet Ähren und Rispengräser.

So sieht ein Gras ganz aus der Nähe aus.

Betrachte die abgebildeten Gräser genau!
Beschreibe ihre Gemeinsamkeiten und Unterschiede!
Ordne sie nach Ähren oder Rispengräsern!

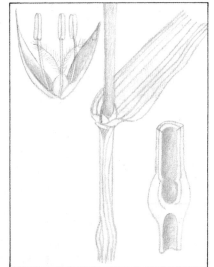

Besonders schön ist eine Wiese, wenn sie voller Wildblumen steht. Die Wildblumen kannst du vor allem an ihren Blüten unterscheiden.

An manchen Wildblumen wirst du etwas Interessantes feststellen.
An der Pflanze sitzen viele kleine Schaumblasen. Entfernst du sie vorsichtig, kannst du eine kleine Insektenlarve entdecken.

Wiesen-Margerite

Wiesen-Schaumkraut

Tiere auf der Wiese

Zwischen den Gräsern und Wildblumen leben viele Tiere. Kannst du sie benennen?
Am auffälligsten sind die bunten Schmetterlinge. Einige von ihnen sind selten geworden.

Schmetterlinge wie Schwalbenschwanz und Distelfalter (siehe Abbildungen) sind unter Schutz gestellt. Erfreue dich an ihnen, aber fange sie nicht.

Wie kommt ein Schmetterling zur Welt? Wird er geboren wie ein Reh? Schlüpft er aus einem Ei wie ein Vogel?

Das Weibchen der Schmetterlinge legt an einer Pflanze Eier ab. Daraus entwickelt sich eine Raupe (Larve). Diese umgibt sich nach einiger Zeit mit einer Schutzhülle. Sie wird zur Puppe. Daraus schlüpft dann ein neuer Schmetterling. Bei vielen Schmetterlingen überwintert die Puppe.

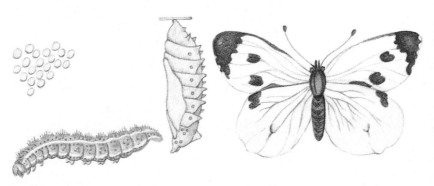

Mitunter findet man Raupen von Schmetterlingen auch an Gartenpflanzen. Die Gartenbesitzer sind darüber nicht erfreut. Warum?

Pflanzen und Tiere an Gewässern

Du weißt nun schon: Felder, Wälder und Wiesen sind Lebensräume für ganz bestimmte Pflanzen und Tiere. Ein weiterer Lebensraum ist das Gewässer.

Zu den fließenden Gewässern gehören Bäche und Flüsse. Stehende Gewässer sind Tümpel, Teiche und Seen.

Welche Gewässer gibt es in der Nähe deines Heimatortes? Nenne sie!

Ruhig ist es hier am See. Ein Plätschern am Ufer, ein Quaken im Schilf. Glasklar schimmert das Wasser. Wir schauen bis auf den Grund. Das Leben der verschiedensten Pflanzen und Tiere ist hier eng miteinander verflochten. Die Wassertiere brauchen zum Leben Sauerstoff. Der befindet sich im Wasser. Den liefern auch die Pflanzen. Viele kleine Tiere, wie Wasserkäfer, Würmer, Egel und Flohkrebse ernähren sich von Pflanzenresten oder anderen Kleintieren. Sie selbst sind Nahrung für Fische und Wasservögel. Eine Nahrungskette, die keine „Reste" übrigläßt. Der See bleibt sauber.

Was wächst denn da?

Am Ufer von Seen und Teichen wachsen oft Pflanzen, die aussehen wie riesige Gräser! Sie heißen Rohrkolben und Schilf.

Rohrkolben erkennst du besonders leicht im Herbst an den braunen Kolben. Die Pflanze hat schmale und steife Blätter. Schilf ist ein Rispengras. Seine Blätter sind schmaler und weicher als beim Rohrkolben.

Rohrkolben und Schilf bilden im flachen Wasser oft einen breiten Gürtel. Darin leben zahlreiche Wasservögel und Fische. Um die Tiere dort nicht zu stören, darf man mit dem Boot nicht in diesen Pflanzengürtel hineinfahren.

An Gewässern findest du auch viele blühende Pflanzen. Sie wachsen dicht am oder im Wasser. Andere kommen dort vor, wo der Boden wenigstens noch feucht ist.
Vielen Pflanzen genügt die Feuchtigkeit der Uferzone nicht. Sie leben direkt im Wasser.

Zwei besonders schöne Wasserpflanzen sind die weiße Seerose und die gelbe Teichrose. Beide Pflanzen haben große Blätter, die auf dem Wasser schwimmen. Die Blattstiele befinden sich unter Wasser. Sie sind sehr lang.
Im Juni beginnen die Pflanzen zu blühen. Die Blüten der weißen Seerose sind nur tagsüber geöffnet. ▼

Überlege: Warum sollte man nicht zu dicht an diese Wasserpflanzen heranschwimmen?

Wasser-Schwertlilie

Teichrose

Seerose

Unter den Pflanzen der Gewässer gibt es auch einige Giftpflanzen. Die Sumpf-Dotterblume gehört dazu. Sie ist schwach giftig.

Sumpf-Dotterblume

Beachte: Wenn du Pflanzen untersuchst, wasche dir anschließend die Hände!

Wasserpflanzen fließender Gewässer haben mitunter völlig andere Blätter. Sie sind oft klein und zahlreich, manchmal auch fransenförmig geteilt. Warum?

Was schwimmt denn da?

Wie bei den Pflanzen gibt es auch Tiere, die ständig im Wasser leben und solche, die das Wasser nur zeitweilig benötigen.

1 *Betrachte die Abbildungen! Kennst du noch andere Tiere, die im Wasser leben? Nenne sie!*

Der Hecht ist ein Raubfisch. Er ernährt sich von anderen Fischen.

Der Karpfen ist ein Friedfisch. Er wird als Speisefisch auch gezüchtet.

Der Flußbarsch und die Forelle leben in fließenden Gewässern. Sie sind wertvolle Speisefische.

Die Bleßralle erkennt man am dunklen Gefieder und am hellen Stirnfleck.

Männchen und Weibchen der Stockenten sehen unterschiedlich aus.

Der Haubentaucher trägt einen auffälligen Federbusch am Kopf ("Haube").

Die Wasservögel suchen sich ihre Nahrung im Wasser. Die Bleßralle taucht mit einem kleinen Sprung für kurze Zeit ins Wasser ein. Die Stockente gründelt.

2 *Erkundige dich, was das bedeutet! Denke dabei an das alte Kinderlied „Alle meine Entchen …"!*

3 *Beobachte einen Haubentaucher! Wie sucht er seine Nahrung?*

Wie ein Kahn schwimmt der Körper der Stockente auf dem Wasser.

Tiere, die im oder am Wasser leben, sind in Körperbau und Lebensweise ihrem Lebensraum hervorragend angepaßt

Die eingefetteten Federn verhindern, daß das Wasser an die Körperhaut gelangt.

Das Federkleid bildet einen vorzüglichen Wärmeschutz.

Kurze Füße mit Schwimmhäuten sparen Kraft beim Rudern.

1 ▼ Versuch: Streiche Schmalz auf einen Tellerrand! Lasse Wasser darüber fließen! Was beobachtest du?

Der Entenschnabel hat an den Seiten Hornleisten. Das ist vorteilhaft beim Gründeln. Warum?

2 ▼ Wovon ernährt sich der Haubentaucher? Vermute!

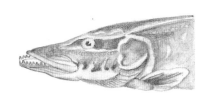

Der Hecht hat zum Festhalten seiner Beute viele Zähne im Maul.

Wer quakt denn da?

Auch wenn du sie nicht siehst, dann hörst du sie quaken – die Wasserfrösche. Die Männchen veranstalten ihre „Froschkonzerte". Wasserfrösche laichen im Mai oder Juni.
Aus dem Laich schlüpfen Kaulquappen, die im Wasser leben. Sie fressen Tier- und Pflanzenstoffe.
Im Verlaufe von einigen Monaten verändern und entwickeln sie sich zu Fröschen, die an Land leben können.

3 ▼ Versucht, die Entwicklung eines Wasserfrosches zu beobachten!

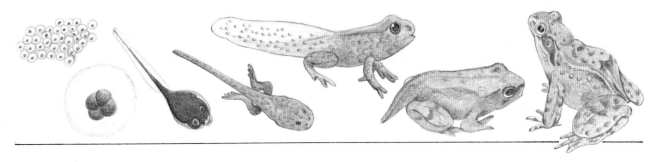

Unser Jahreszeitentagebuch

Seit Beginn des neuen Schuljahres führt unsere Klasse ein Jahreszeitentagebuch. Immer, wenn wir im Freien waren oder jemand etwas Interessantes in der Natur entdeckt hatte, wurde es in das Tagebuch geschrieben. Hier sind einige unserer Beobachtungen:

Endlich, es ist Frühling. Die Tage werden länger. Noch haben die Buchen im Wäldchen hinter dem Dorf keine Blätter. So gelangen die ersten wärmenden Sonnenstrahlen direkt auf den Waldboden. Überall ist er mit Busch-Windröschen bedeckt. Licht und Sonne, der warme Waldboden und die gespeicherten Nährstoffe tragen dazu bei, daß die Pflanzen schon so zeitig im Frühjahr blühen.

Torsten

Heute waren wir am Waldrand. Wir erfuhren, wie sich Samen verbreiten. Manche Samen tragen kleine Flügel oder Tragblätter, wie die von der Birke oder der Linde. Andere sind mit winzigen Härchen versehen, zum Beispiel beim Löwenzahn. Sie bilden zusammen eine Pusteblume. Ph ...,' ph ... Wir pusteten. Wie kleine Fallschirme schweben die Samen durch die Luft. Einige Pflanzen, wie das Springkraut, schleudern schon bei leichtem Berühren die Samen weit heraus.

Jana

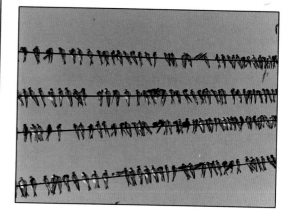

Der Sommer geht zu Ende. Heute beobachteten wir Schwalben, die sich auf den Stromleitungen sammelten, um nach dem Süden zu ziehen. Wir wollten wissen, warum sie dorthin fliegen. Herr Müller erzählte uns, daß man dieses Verhalten der Vögel noch gar nicht genau erforscht hat. Aber einen Grund nannte er uns: Insekten, Schnecken und andere kleine Tiere werden bei abnehmenden Temperaturen immer seltener. Vögel, die sich vorwiegend von ihnen ernähren, müßten hier verhungern.

Anita

Heute ist es frostig kalt.Wir wanderten an den See. Ringsumher Stille - nicht wie im Sommer, als wir überall das Quaken der Frösche, das Summen der Insekten und Vogelgezwitscher hörten.
Wo sind die Frösche geblieben?

Juliane wußte es: "Wasserfrösche überwintern im Schlamm der Gewässer. Dabei verfallen sie in Kältestarre. Ihre Herzen schlagen ganz langsam, sie nehmen keine Nahrung auf und atmen nur durch die Haut." Und Tobias erzählte: "Manche Säugetiere halten Winterschlaf, wie der Igel in unserem Garten. Er würde im Winter, wie auch die Frösche, keine Nahrung finden. Im Komposthaufen unseres Gartens hat er ein sicheres Versteck gesucht."

Matthias

Nun ist es Oktober und schon ziemlich kühl. Sven hatte die Idee, den Klassenraum herbstlich zu schmücken. Wir sammelten im Stadtpark viele bunte Laubblätter, gelbe, rote, braune. Anne las aus einem Buch vor.
Die Laubblätter enthalten einen grünen Farbstoff. Vor dem Laubfall wird dieser Farbstoff in andere Teile des Baumes transportiert und dort gespeichert. Zum Vorschein kommen die anderen Farbstoffe, die auch in den Blättern vorhanden sind.
So malt der Herbst die Blätter an.

Romina und Stefan

Noch einmal sind wir im Wald. Es ist tief verschneit. Leise führt uns der Förster zur Futterkrippe an den alten Eichen. Wir können Rehe beobachten. Ihr wolliges, dichtes Haarkleid schützt sie vor Kälte. Auch andere Säugetiere haben im Winter ein dichteres Fell, zum Beispiel Füchse, Hunde und unsere Katze Minka.

Steffi

Wir haben festgestellt, daß Pflanzen und Tiere in ihrer Lebensweise den Jahreszeiten angepaßt sind. Sie reagieren zum Beispiel auf unterschiedliche Sonneneinstrahlung, Temperaturen oder Feuchtigkeit. Vieles ließe sich noch erzählen.

Frühjahr	März	April	Mai	Juni
Temperatur	-5°C	8°C	14°C	21°C
Niederschlag	✳⊘✳	⊘	⊘	
Beobachtungen an Pflanzen	Schneeglöckchen blühen	Laubblätter wachsen (Birke, Buche) Kirschbäume blühen		
Beobachtungen an Tieren		erste Bienen erste Schwalben Nestbau		
Wetterbesonderheiten		Sturm	Hochwasser	Nachtfrost

1 Doch interessanter ist es, wenn ihr selbst entdeckt und berichtet. Führt zusammen auch ein solches Tagebuch oder legt einen Jahreszeitenkalender an! Vielleicht so?

2 Kleine Beobachtungsaufgaben:
– Feuchte und trockene Zapfen der Nadelbäume vergleichen
– Blüten des Löwenzahns im Verlaufe eines Tages um 7 Uhr, 9 Uhr, 12 Uhr, 17 Uhr und 19 Uhr betrachten.

155

Wir bearbeiten Holz

Holz ist ein interessanter Werkstoff. Es gibt harte und weiche, schwere und leichte, helle und dunkle Holzarten. Besonders schön sind die verschiedenen Holzmaserungen.

1 Vergleiche die Farben und die Maserungen der Hölzer!

2 Schau dich um, wo in eurer Wohnung Holz verarbeitet wurde!
Wo sind besonders auffällige Maserungen zu sehen?

Wer etwas aus Holz herstellen will, muß die passende Holzart wählen. Für Frühstücksbretter zum Beispiel eignet sich Buchenholz. Es ist hart und kann feucht werden, ohne sich stark zu verziehen oder zu reißen.

Für viele Gegenstände wird Holz von Nadelbäumen (Kiefern, Fichten, Tannen) verwendet. Es ist nicht sehr hart, läßt sich gut bearbeiten und ist meist preisgünstig einzukaufen. Für den Bau von Nistkästen wäre Kiefernholz gut geeignet.

3 Welches Holz würdest du für den Deckel eines Kästchens wählen?

4 Welchen Zweck haben Nistkästen?
Wo könnt ihr einen Nistkasten anbringen?

Skizze und Stückliste

- Welche Materialien braucht man für ein Werkstück?
- Aus welchen einzelnen Stükken besteht das Werkstück?
- Wie sind die Maße?

Das alles zeichnen und schreiben wir in einer Skizze und einer Stückliste auf.

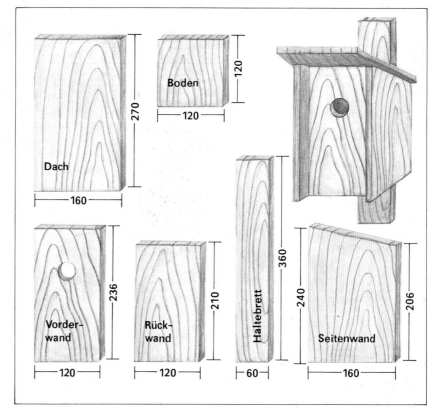

Die folgenden Maße sind für Nistkästen von Blau- und Kohlmeisen geeignet. Für Stare müßten die Kästen und die Fluglöcher größer sein.

Werkzeuge zur Holzbearbeitung

Tischler verwenden für die Bearbeitung von Holz meist Werkzeuge mit Maschinenantrieb, zum Beispiel Kreissägen. Wir aber arbeiten mit Werkzeugen ohne Maschinenantrieb.

Welche Werkzeuge werden für welche Arbeiten benötigt?
– Bretter zuschneiden
– Kanten abschrägen
– Bretter zusammenfügen
– Flugloch ausbohren
– Löcher für Schwenkachse bohren

Überlege: ▼
- *Weshalb werden einige Kanten abgeschrägt?*
- *Weshalb sollte das Dachbrett die ganze Fläche des Nistkastens bedecken und über die Vorderwand hinausragen?*
- *Weshalb muß das Haltebrett oben und unten über die Rückwand hinausragen?*

Stückliste	
Alle Bretter aus Kiefernholz, 20 mm dick	
1 Bodenbrett	120 × 120 mm
2 Seitenbretter	160 × 206/240 mm
1 Rückwand	120 × 210 mm, obere Kante 12° abgeschrägt
1 Vorderwand	120 × 236 mm, Bohrung für Flugloch Durchmesser 30 mm
1 Dachbrett	160 × 270 mm, hintere Kante 12° abgeschrägt
1 Haltebrett	60 × 360 mm
30 Eisennägel	30 mm lang, etwa 3 mm dick
2 Eisennägel	50 mm lang, 4 mm dick als Schwenkachsen

So entsteht ein Nistkasten

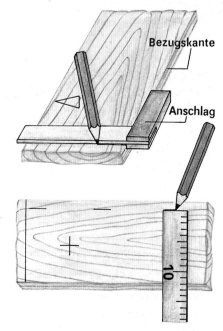

Zum Anreißen (Ziehen der Schneidelinien) benutzen wir einen mittelharten Bleistift.

Rechte Winkel werden mit dem Anschlagwinkel angetragen. Dazu wählen wir an dem Werkstück (Brett) eine gerade Kante als Bezugskante.

Zum Antragen der Maße wird möglichst ein Stahlmaßstab benutzt.

Für Bohrlöcher wird der Mittelpunkt als Kreuz angerissen.

Zum Sägen wird das Werkstück (Brett) fest auf die Platte der Werkbank gespannt. Dazu eignen sich Schraubzwingen. Wir halten die Säge so, daß sie etwas schräg nach vorn geneigt ist. Drückt die Säge nur wenig auf das Werkstück.

1 ▼ *Warum ist das Werkstück zuerst auf Länge und dann auf Breite zu sägen?*

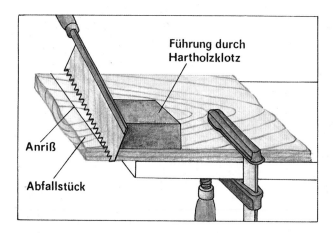

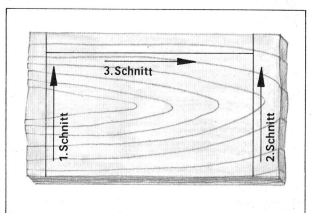

Auch zum Bohren wird das Werkstück fest eingespannt, zum Beispiel in den Schraubstock.

Drückt den Bohrer nur wenig gegen das Werkstück!

Wählt für die jeweilige Größe des Bohrloches den geeigneten Bohrer aus!

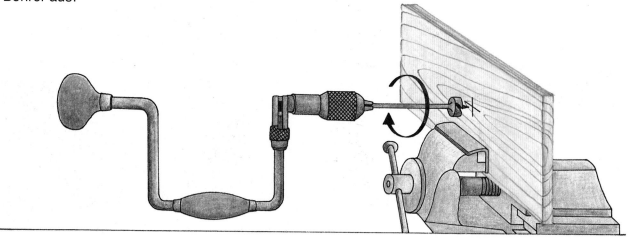

Das Zusammenfügen von Holzteilen kann durch Nageln, Verschrauben oder Kleben (Leimen) geschehen.
Für Nistkästen eignet sich das Nageln.

▼ *2 Warum sollte man einen Nistkasten nicht leimen?*

Wenn die Nägel genau sitzen sollen, werden die Nagelstellen angerissen und vorgestochen. Führt den Hammer aus dem lockeren Handgelenk!
Nägel werden stets etwas schräg gegeneinander angesetzt.
Warum?
Wenn Teile miteinander beweglich verbunden werden sollen, muß sich die Achse im feststehenden Teil drehen lassen.
Im beweglichen Teil muß die Achse fest sitzen.
Im Nistkasten werden deshalb die Löcher in den Seitenwänden etwas dicker ausgebohrt, als die Schwenkachse dick ist.

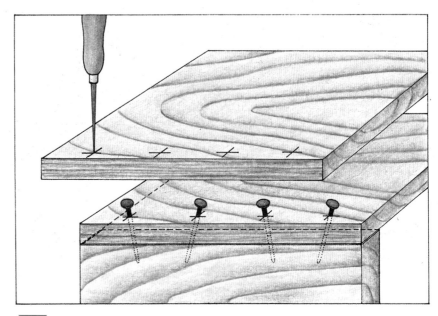

▼ *4 Probiere, ob das Holz durch Nässe faserig wird!*
Ist das der Fall, wird das Holz nach dem Trocknen geschliffen. Das geschieht in der Reihenfolge wässern – trocknen – schleifen.

Zum Schluß wird das Holz angestrichen. Es sieht so besser aus. Dafür gibt es aber noch einen anderen Grund. Kennst du ihn?
Das Streichen erfolgt zuerst mit Halböl, dann mit Vorstreichfarbe und schließlich mit Lack. Bei Kombinationsfarben sind nur ein oder zwei Lackanstriche notwendig. ▼

5 Betrachte die untere Abbildung!
   Warum wird die Farbe so aufgetragen, verstrichen und ausgestrichen?

▼ *3 Erkundige dich:*
   • *Weshalb soll eine Wand des Nistkastens abklappbar sein?*
   • *Warum werden Nistkästen nicht mit Holzschutzmitteln behandelt?*
   • *Wie werden Nistkästen angebracht?*

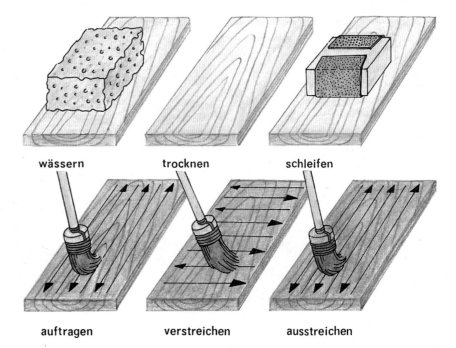

wässern   trocknen   schleifen

auftragen   verstreichen   ausstreichen

Bildnachweis: